Answers 9H

UNIT 1

Page 1 Exercise 1M

1. 6043
2. 3625
3. 3318
4. 6480
5. 2.4
6. 10.5
7. 0.16
8. 0
   .003
11. 8.24
12. 7227
13. 6
    200
16. 0.73
17. 0.43
18. 0
    5679
21. €22 940
22. 24
23. 0
    210
   (c) 20 900   (d) 360

Page 2 Exercise 1E

1. 8
2. 53
3. 3
4. 11
5. 11
6. 5
7. 40
8. 10
9. 0
10. 15
11. 1
12. 12
13. 7.9
14. 0.5
15. 20
16. $6 \times (8 - 2)$
17. $(9 + 12) \times 5$
18. $(4 + 5) \times 5$
19. $11 + (7 \times 3)$
20. $(22 - 10) \times 6$
21. $8 \times (6 - 4)$
22. $(5 \times 6 - 4) \div 2$
23. $(81 \div 9 \times 12) - 4$
24. $(9 + 8 \div 4) \times 0$
25. $(3 + 5) \times (9 - 7)$

Page 3 Exercise 2M

1. (a) 375 + 242 = 617
   (b) 629 + 154 = 783
   (c) 576 + 343 = 919

2. (a) 679 + 255 = 934
   (b) 384 + 489 = 873
   (c) 687 + 296 = 983

3. (a) 44 × 6 = 264
   (b) 83 × 7 = 581
   (c) 325 × 8 = 2600

4. (a) $245 \div 7 = 35$
   (b) $14 \times 13 = 182$
   (c) $15 \times 8 = 120$
   (d) $972 \div 9 = 108$

5. Various answers

6. (a) 7   (b) 6   (c) 9

7. (a) −   (b) ÷   (c) −   (d) −

8. (a) 746 − 383 = 363
   (b) 654 − 449 = 205
   (c) 863 − 475 = 388

9. (a) $30 - (7 - 3) = 17 - 6 \div 3$
       8
   (b) $(11 - 6)(7 + 2) = 6^2 + 2^3 + 1$

Page 4   Exercise 3M

1. (a) 1, 2, 3, 4, 6, 12   (b) 1, 3, 5, 15   (c) 1, 2, 3, 4, 6, 8, 12, 24

2. (a) 7, 14, 21, 28   (b) 20, 40, 60, 80   (c) 15, 30, 45, 60

3. (a) 12   (b) 24   (c) 40

4. (a) 4   (b) 9   (c) 6

5. (a) False   (b) False

6. (a) 25   (b) 1000   (c) 35   (d) 12   (e) 17   (f) 3   (g) 36   (h) 10

7. (a) 21   (b) $1^2 + 2^2 + 4^2$

8. (a) 160   (b) 1, 2, 4, 5, 8, 10, 16, 20, 32, 40, 80, 160

Page 5   Exercise 3E

1. 2, 3, 5, 7, 11, 13, 17, 19   **2.** 41, 47, 71

3. 280   **4.** $2 \times 3 \times 7$ **5.** $60 = 2 \times 2 \times 3 \times 5$, $330 = 2 \times 5 \times 3 \times 11$

6. (a) 20   (b) 2   (c) 1   **7.** 2, 3, 5, 41, 67, 89

8. (a) Yes, divide by prime numbers $< \sqrt{313}$.   (b) 2, 3, 5, 7, 11, 13, 17, 19, 23

(c) No (19×43)

Page 6   Exercise 4M

1. (a) 1:5   (b) 3:4   (c) 3:2   (d) 2:3

2. (a) 1:11   (b) 3:1   (c) 1:100   (d) 1:10   (e) 1:10   (f) 1:5

3. £10, £20   **4.** (a) £16, £24   (b) £600, £1400   (c) 6 kg, 12 kg, 18 kg

5. $\frac{1}{4}$ **6.** $\frac{9}{25}$ **7.** 22°, 66°

Page 6   Exercise 4E

1. 1500 g   **2.** 22 p   **3.** 294 cm²   **4.** 2.4 kg   **5.** 22 555

6. 3:4   **7.** (a) $1\frac{1}{2}$ (b) 15   (c) 7   (d) 6

8. (a) 250 m   (b) 40 000 m²   **9.** 1.0368 m²

Page 7   Exercise 5M

1. 4.2   **2.** 2.5   **3.** 7.8   **4.** 3.5   **5.** 4.2   **6.** 1.9   **7.** 1.6

8. 3.3   **9.** 3.2   **10.** 2.5   **11.** 1.6   **12.** 0.5   **13.** £83 883 800

Page 8   Exercise 5E

1. $\frac{11}{15}$ **2.** $\frac{1}{2}$ **3.** $\frac{5}{9}$ **4.** $\frac{1}{28}$ **5.** $\frac{7}{20}$ **6.** $\frac{11}{27}$ **7.** $5\frac{3}{20}$ **8.** $1\frac{5}{6}$

9. $4\frac{2}{3}$ **10.** $\frac{11}{160}$ **11.** $\frac{33}{140}$ **12.** $3\frac{97}{144}$ **13.** $\frac{21}{80}$ **14.** 19   **15.** $\frac{3}{4}$

16. (a) $1\frac{17}{20}$ (b) $\frac{1}{2}$ (c) $1\frac{1}{2}$ (d) $\frac{3}{4}$

Answers 9H

Page 8   Calculator words

When the soleil came up, Bill took his sledge to the big hill to collect some snow for his igloo. While there he met a hedgehog called Sid. Now Sid was a rather solid animal who had just offended Biggles the goose because, without thinking, he had boiled his gold eggs. So Biggles started to dig a hole to hide in, where he could lie in wait for Sid. This meant that he could take his revenge on the hedgehog by spraying him with a hose. But meanwhile Sid had heard of the plan, and so asked Bill to pretend to be a hedgehog. When Biggles heard Bill coming he jumped up onto a log so suddenly that Bill did not have time to shield himself from the hose. However Sid was already hiding on the log and he pricked the Goose with his prickles to protect his friend. Unfortunately Biggles could not carry out his plans for revenge because he had all the Never-say-die qualities of a kamikaze pilot, and so, at the first blob of blood he gave up and he died.

Page 9   Exercise 6M

1. 4   2. −3   3. −7   4. −5   5. −10   6. 3   7. 4   8. 0
9. −1   10. 10   11. 0   12. 13   13. 2   14. −1   15. 26   16. −8
17. −12   18. 10   19. −12   20. 24   21. 6   22. −20   23. −49   24. 0
25. −3   26. −2   27. −5   28. 2   29. 7   30. −37   31. 12   32. 35

33.
−1	−2	3
4	0	−4
−3	2	1

34.
3	2	−2
−4	1	6
4	0	−1

35.
0	1	−4
−5	−1	3
2	−3	−2

Page 10   Find the letters

A. What do you call a woman with one leg? Eileen.

B. What would you use to count a herd of cows? A cowculator.

Page 11   Exercise 7M

1. 672   2. 1431   3. 1575   4. 2921   5. 6864   6. 10664
7. 37   8. 18   9. 46   10. 84   11. 30 r 4   12. 13 r 35
13. 123 540   14. 128   15. £1560   16. £134.56   17. 13

Page 11   Exercise 8M

1. (a) $\frac{4}{5}$ (b) $\frac{3}{20}$ (c) $\frac{1}{20}$ (d) $\frac{9}{100}$
2. (a) 0.63   (b) 0.75   (c) 0.625   (d) 0.04
3. (a) 21%   (b) 40%   (c) 25%   (d) 99%
4. (a) 0.19, $\frac{1}{5}$, 22%   (b) 0.035, 4%, $\frac{1}{20}$
5. 25%   6. (a) 175 g   (b) 56 p   (c) 33 mm   (d) 24 min
7. 10%   8. 13.2

Page 13 **Exercise 1M**

1. $16t$
2. $5c$
3. $10x$
4. $9t$
5. $55d$
6. $5a + 3b$
7. $6n + m$
8. $4a$
9. $4n$
10. m
11. n^2
12. b^2
13. $2c^2$
14. c^2d
15. $3c^2$
16. $5n^3$
17. n^4
18. $18ab$
19. $10nt$
20. $4m^2$
21. t^4
22. $5m$
23. $33n$
24. $20m^2$
25. $4a^2$
26. $8m$
27. $4a$
28. $4m-n$
29. $9x^2$
30. $\frac{y}{x}$

Page 13 **Exercise 1E**

1. $10x + 6$
2. $15n - 5$
3. $20y - 100$
4. $14a + 63$
5. $-3n + 3$
6. $-24 + 18a$
7. $-6a - 6h$
8. $6a + 3b + 9$
9. $49c - 70$
10. $150 - 10m$
11. $16x + 24y + 8z$
12. $10a^2 + 10a - 1$
13. (a) $4ab$ (b) $6a + 4b$
14. $8x + 10$
15. $7n - 5$
16. $8t - 1$
17. $11a + 13$
18. 15
19. $9a + 8$
20. $5k + 18$
21. $c - 13$
22. $4(3x - 1)$
23. $5(2n + 3)$
24. $10(2m + n + 0.1) = 20m + 10n + 1$
25. $3(a + b + 2c) = 3a + 3b + 6c$
26. $14 + 3a - (4 + 2a) = 10 + a$
27. $2n - m + 2(n + m - 3) = 4n + m - 6$
28. $5(a + 2b) + 3(n + 4m)$

Page 14 **Exercise 2M**

1. T
2. F
3. T
4. T
5. T
6. F
7. F
8. F
9. T
10. T
11. T
12. F
13. T
14. T
15. T
16. (a) ×6, +1   (b) ×5, −2, ×3   (c) ×4, +5, ÷3   (d) ×7, +3, ×2   (e) square, +7
    (f) −7, square   (g) ×2, −3, square, +10   (h) ×3, +1, square, +5, ÷7
17. (a) 2.5   (b) 15   (c) 7
18. (a) T2   (b) 129   (c) 5

(d) (i)

$x-1$	x	$x+1$
	$x+8$	
	$x+16$	

(ii)

$x-17$	$x-16$	$x-15$
	$x-8$	
	x	

(iii)

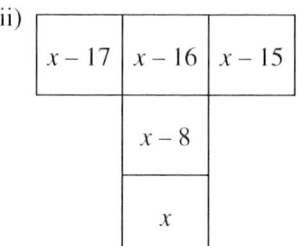

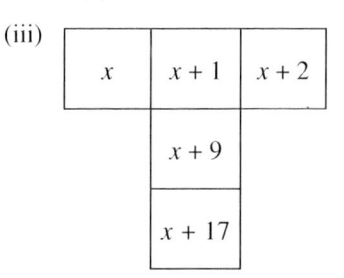

x	$x+1$	$x+2$
	$x+9$	
	$x+17$	

Page 16 **Exercise 2E**

1. $n^2 + 3n$
2. $n^2 + 7n$
3. $a^2 - 3a$
4. $t^2 - 5t$
5. $a^2 - 10a$
6. $m^2 + 11m$
7. $2a^2 + 2a$
8. $3n^2 + 6n$
9. $5t^2 + 5t$
10. $2x^2 + x$
11. $y^2 - 7y$
12. $3y^2 + 9y$
13. $h^2 - 100h$
14. $5a^2 + 25a$
15. $p^2 + 3p$
16. $6e^2 + 2e$
17. $9x^2 + 6x$
18. $10a^2 - 2a$
19. $2a(a + 7) = 2a^2 + 14a$
20. $3(n - 3) = 3n - 9$
21. $n(2n + 2) = 2n^2 + 2n$

Answers 9H

22. $n(n + 7) = n^2 + 7n$ **23.** $2x(3x - 1) = 6x^2 - 2x$ **24.** $4h(2m + 1) = 8hm + 4h$

25. $3(3n + 1) + 2(n + 5) = 11n + 13$ **26.** $4(2n - 1) + 3(2n + 1) = 14n - 1$

Page 17 Exercise 3M

1. (a) $4x + 1$ (b) $4x - 2$ (c) $x - 1$ (d) $2x + 2$
     (e) $x + 3$ (f) $3x - 4$ (g) $x + 3$ (h) $x + 7$
     (i) $x + 3$ (j) $x + 4$ (k) $x + 4$ (l) $x + 4$

2. (a) $6x^2 + 12x$ (b) $8x^2 + 12x$

Page 18 Exercise 4M

1. 5   **2.** 6   **3.** $\frac{1}{7}$ **4.** $\frac{1}{2}$ **5.** 5   **6.** $\frac{1}{2}$

7. 2   **8.** −4   **9.** $-\frac{2}{3}$ **10.** $-\frac{1}{6}$ **11.** −1   **12.** −3

13. −4   **14.** $2\frac{3}{5}$ **15.** 1   **16.** $\frac{1}{9}$ **17.** $\frac{3}{10}$ **18.** 4

19. $-2\frac{2}{9}$ **20.** −13   **21.** $\frac{1}{3}$ **22.** −3   **23.** $-\frac{1}{2}$ **24.** 0

Page 19 Exercise 4E

1. −3   **2.** $-1\frac{4}{7}$ **3.** $1\frac{1}{4}$ **4.** −3   **5.** $\frac{1}{5}$ **6.** $12\frac{1}{3}$

7. 2   **8.** $-3\frac{8}{9}$ **9.** $2\frac{9}{10}$ **10.** $-\frac{3}{4}$ **11.** $-1\frac{1}{3}$ **12.** $\frac{4}{5}$

Page 19 Exercise 5M

1. $1\frac{1}{2}$ **2.** 9   **3.** $\frac{1}{6}$ **4.** 4   **5.** 2

6. 7   **7.** $4\frac{3}{4}$ **8.** $\frac{1}{13}$ **9.** 1   **10.** −9

Page 20 Exercise 5E

1. 66°, 76°, 86°, 132°   **2.** £45   **3.** 11, 12, 13   **4.** 53, 55, 57, 59

5. $x = 1; 5 \times 4$ **6.** 6 cm   **7.** 3   **8.** $6\frac{2}{7}$ **9.** 43°

10. $53\frac{1}{3}°, 56\frac{2}{3}°$ **11.** 7   **12.** $x = 51$, 190 cm   **13.** 3.5

Page 21 Exercise 6M

1. $2(4a + 5)$ **2.** $3(2x + 1)$ **3.** $3(2a + 3)$ **4.** $5(2a + 3)$

5. $6(3x - 2)$ **6.** $6(3c + 4)$ **7.** $3(x + 5)$ **8.** $7(n - 5)$

9. $8(2m + 5)$ **10.** $9(5a + 4)$ **11.** $2(2a + 5)$ **12.** $3(2c + 7)$

13. $5(2c - 1)$ **14.** $9(2m + 1)$ **15.** $3(3m + 4)$ **16.** $5(3a + 5)$

17. $7(2x - 3t)$ **18.** $6(3x + 4t)$ **19.** $4(6p - 5q)$ **20.** $3(2a + 3b + c)$

21. $5(2a + 3b + 5c)$ **22.** $3(3x + 3y + 7t)$ **23.** $7(c + 2d - e)$ **24.** $4(6m + 3n + 4t)$

25. $9(2a - 3b + 4c)$

Page 21 Exercise 6E

1. $x(x + 6)$
2. $x(3x + 4)$
3. $x(6x + 1)$
4. $a(2a + 1)$
5. $n(5n + 1)$
6. $2a(a + 3)$
7. $n(3n - 1)$
8. $5m(m - 3)$
9. $x(x^2 + x + 1)$
10. $4a(3a - 2)$
11. $a(6a - 1)$
12. $m(n + m)$
13. $x(x - y)$
14. $2x(x + 2y)$
15. $x(x^2 + y^2)$
16. (a) $t(t - 4) = t^2 - 4t$ (b) $2x(x + 3) = 2x^2 + 6x$ (c) $a(a^2 + 3a + 1) = a^3 + 3a^2 + a$
    (d) $3x(2x - 1) = 6x^2 - 3x$ (e) $n(n + 6) = n^2 + 6n$ (f) $2n(2n + 3) = 4n^2 + 6n$

Page 24 Exercise 1M/E

4. SSS, SAS, ASA, RHS are the conditions for congruent triangles.
5. (a) Yes, SSS (b) Yes, SAS (c) Yes, RHS
   (d) No (e) Yes, SSS (f) Yes, ASA
6. No
8. (c) 6.2 cm
9. AB ≈ 5.6/5.7 cm

Page 27 Exercise 1M

1. (a) Trapezium (b) Square (c) Parallelogram
2. (a) (6, 6) (b) (6, 4) (c) (0, 6), (1, 6), (3, 6)
3.

	How many lines of symmetry?	How many pairs of opposite sides are parallel?	Diagonals always equal?	Diagonals are perpendicular?
Square	4	2	Y	Y
Rectangle	2	2	Y	N
Kite	1	0	N	Y
Rhombus	2	2	N	Y
Parallelogram	0	2	N	N
Arrowhead	1	0	N	Y (outside)

4. (a) 50° (b) 100° (c) 90° (d) 130° (e) 80° (f) 95°

Page 28 Exercise 1E

1. (a) $a = 63°$ (b) $b = 110°, c = 97°$ (c) $d = 81°, e = 63°$ (d) $f = 42°$
   (e) $g = 110°, h = 67°$ (f) $i = 56°$ (g) $j = 141°$ (h) $k = 39°$
2. 13°
3. 91°
4. Kite
5. Kite, parallelogram
6. (a) yes, yes, no (b) can make any kind of triangle.

Page 30 Exercise 2M

1. For n sides, total of interior angles = $(n - 2) \times 180°$
2. $a = 92°$, $b = 118°$, $c = 122°$, $d = 115°$, $e = 150°$, $f = 73°$, $g = 227°$, $h = 132°$

3. 60°   **4.** (a) 15°   (b) 45°   (c) 75°

Page 31 Exercise 2E

1. $a = 137°$, $b = 60°$, $c = 45°$, $d = 120°$, $e = 142°$,
$f = 110°$, $l = 110°$, $m = 70°$, $n = 138°$, $d = 115°$

2. (a) (i) 40° (ii) 20° (iii) 8° (iv) 6° (b) (i) 140° (ii) 160° (iii) 172° (iv) 174°

3. (a) squares and octagons   (b) triangles and 12-sided polygons

4. $a = 40°$, $b = 70°$, $c = 40°$, $d = 140°$ **5.** 9   **6.** 20   **7.** 23

8. 20   **9.** 16   **10.** 112.5°   **11.** 144°, 160°, 172° are possible

12. $x = 36°$, $y = 144°$ **13.** 20   **14.** 36

Page 34 Exercise 1M

1. (a) 6.2   (b) 4   (c) 4   **3.** (a) 23   (b) 0   (c) 18

4. mean = 8, median = 1. The median because six of the numbers are about one.

5. −1   **6.** 17, 37   **7.** 7, 15   **8.** 20, 36, 40   **9.** 151 cm

Page 35 Exercise 1E

1. 7.5 g   **2.** (a) 3   (b) 3   (c) 4   **3.** (a) 34 pounds   (b) 11   (c) 32 pounds

4. (a) Maths 42, Science 45   (b) Maths 23, Science 47   (c) Science

5. (a) (i) $4n + 9$ (ii) $n + 4$ (iii) $2n + 3$ (b) $n = 4$

Page 37 Exercise 2M/E

1. (a) 130 cm   **2.** 12 g   **3.** (a) 24 cm   (b) 34 kg   (c) 58 s

4. 30   **5.** 8

Page 39 Exercise 3M

2. (a) 25   (b) 32   (c) 12.5%

3. The sixteen-year-olds are taller and have a greater spread of heights.

4. (a) Lindsey's father made more calls but Lindsey made longer calls.

(b) Lindsey's father   (c) Lindsey

5. School A is represented by the polygon on the left. (Probably!)

6. Polygon P represents shoppers living less than 2 miles from the supermarket. As they live closer to the shop they are more likely to visit the shop frequently and, therefore, to spend less at each visit.

7. The altered gene does not affect weight. The altered gene lengthens life span significantly.

8. Polygon X probably represents the prices given for Mars bars because children are more likely to know the price of a Mars bar than the price of a cauliflower.

Page 43 Exercise 4M

1. (a) 40 took test A, 80 took test B   (b) A 25, B 50
   (c) A 30, 20; B 70, 40   (d) A 10, B 30
2. (a) 15 min   (b) 17.5 min, 10 min   (c) 7.5 min

Page 45 Exercise 1M

1. $x^2 + 8x + 15$ **2.** $x^2 + 9x + 14$ **3.** $x^2 + 10x + 9$ **4.** $x^2 - 9$
5. $x^2 + 2x - 15$ **6.** $x^2 + 15x + 44$ **7.** $x^2 + 6x + 8$ **8.** $x^2 + 2x - 3$
9. $x^2 + 6x + 9$ **10.** $x^2 + 2x + 1$ **11.** $x^2 + 10x + 25$ **12.** $x^2 + 5x - 14$
13. $x^2 + 12x + 35$ **14.** $x^2 + x - 6$ **15.** $x^2 - 3x - 4$ **16.** $x^2 - 6x + 8$
17. $x^2 - 4x + 3$ **18.** $x^2 - 2x + 1$

Page 45 Exercise 1E

1. $2x^2 + 5x + 7$ **2.** $2x^2 - 3x + 13$ **3.** $2x^2 - 6x + 16$
4. $3x^2 + 2x - 11$ **5.** $3x^2 - 3$ **6.** $6x^2 - 5x - 3$
7. $5x^2 + 12x + 17$ **8.** $x + 4$ **9.** $9x^2 + 5x + 3$ **10.** $x - 5$
11. (a) $(n + 2)(n + 5)$ (b) $(n + 3)(n + 2)$ (c) $(n + 5)(n - 1)$ (d) $(2n + 1)(n - 3)$
12. (a) $(x + 4)$ (b) $(n + 8)$
13. (a) $(x + 3)(x + 6)$ (b) $(x - 2)(x + 2)$ (c) $(n + 3)(n + 5)$
   (d) $(a + 3)(a - 2)$ (e) $(n + 4)(n - 3)$ (f) $(m - 5)(m + 4)$

Page 46 Exercise 2M

1. -9 **2.** $\frac{3}{11}$ **3.** -7 **4.** $\frac{1}{4}$ **5.** $-\frac{1}{4}$
6. $-\frac{1}{2}$ **7.** -2 **8.** $\frac{1}{2}$ **9.** $-1\frac{1}{3}$ **10.** 1

Page 47 Exercise 2E

1. 9   **2.** (a) $x = 9$; 5, 12, 13   (b) $x = 14$; 8, 15, 17
3. 1.5   **4.** 24   **5.** $1\frac{1}{3}$
6. $1\frac{3}{5}$ **7.** 15 cm   **8.** 30 m.p.h

Page 49 Unit 1 Mixed Review Part one

1. 47°   **2.** (a) (i) 14   (ii) 0.32   (b) (i) $(6 + 7) \times 4 = 52$
   (ii) $(5 \times 6 - 4) \div 2 = 13$ (iii) $72 \div (8 + 4) + 5 = 11$ (iv) $(8 \times 5 - 8) \div 4 = 8$
3. £32 166 480   **4.** (a) (i) 1, 2, 4, 8, 16,   (ii) 1, 2, 3, 5, 6, 10, 15, 30
   (b) $2^3 \times 5 \times 7 \times 11$ **5.** (a) 5.2   (b) 3.3   (c) 24.5 cm²
7. (a) $3x - 5$ (b) $x^2 + 3x$ (c) $x^2 + 7x + 10$ (d) $4x^2 + 4x + 1$
8. (a) $\triangle TQP$ (b) $\triangle QSR$ **9.** When she does not scream (32%/30%)

Answers 9H

10. (a) 14.31 (b) 635   **11.** 800 m   **12.** (a) 90   (b) 264
13. (a) $2n(n + 5) = 2n^2 + 10n$ (b) $5(n - 2) = 5n - 10$ (c) $n(n + 5)$
14. $n = 90$ **15.** 14.4 km/h

Part two

1. –11   **2.** 75   **3.** $5(a + 2b) + 3(n + 4m)$ **4.** 11.25°
5. (a) mean = 15, median = 3, mode = 2   (b) The median because the mean is skewed by the number 84.
6. 74°   **7.** (a) 34 years   (b) 32 years   **8.** 216 cm^2
9. –4   **10.** (a) 2.63 (2 d.p.)   (b) 2.5   **11.** 20 hectares   **12.** 162°
13. $\frac{16}{25}$ **14.** 20   **15.** (a) (i) 108°   (ii) 24°   (b) No. The interior angle of the polygon would be 132° and the exterior angle 48°. This angle does not divide exactly into 360°.

Page 53   Puzzles and Problems 1

Find the letters

1.   A = 6,   B = 3,   C = 8,   D = 9
2.   P = 7,   Q = 10
3.   P = 5,   Q = 3,   R = 2,   S = 4,   T = 1
4.   A = 5,   B = 3,   C = 2,   D = 6,   E = 8
5.   A = 3,   B = 7,   C = 4,   D = 6,   E = 2
6.   A = 1,   B = 3,   C = 7,   D = 0,   E = 4,   F = 8,   G = 2,   H = 6,   I = 9,   J = 5
7.   A = 3,   B = 1,   C = 5,   D = 9,   E = 0,   F = 7,   G = 11,   H = 8,   I = 2,   J = 10,   K = 4,   L = 6

Page 55   A long time ago! 1

Accurate drawings of the five tiles for photocopying.

You can obtain larger diagrams

from a Googol search for 'Girih tiles'.

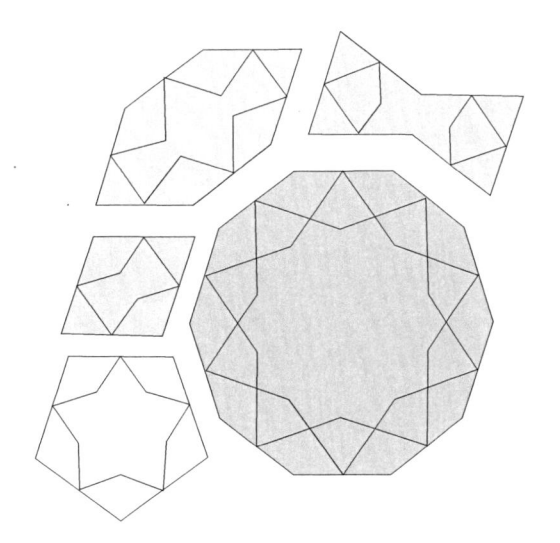

UNIT 2

Page 57 **Exercise 1M**

1. $\frac{5}{8}$ 2. $\frac{7}{10}$ 3. $\frac{5}{6}$ 4. $\frac{2}{3}$ 5. $\frac{3}{8}$ 6. $\frac{5}{6}$
7. $\frac{7}{20}$ 8. $\frac{1}{14}$ 9. $\frac{11}{12}$ 10. $\frac{11}{15}$ 11. $\frac{9}{14}$ 12. $\frac{1}{30}$
13. $\frac{1}{4}$ 14. $\frac{11}{18}$ 15. $\frac{18}{35}$ 16. $\frac{11}{30}$ 17. $\frac{17}{20}$ 18. $1\frac{1}{12}$
19. $4\frac{17}{20}$ 20. $4\frac{1}{12}$ 21. $\frac{2}{15}$ 22. $\frac{9}{20}$ 23. $\frac{5}{12}$ 24. $\frac{7}{20}$
25. $\frac{3}{10}$ 26. $\frac{4}{21}$ 27. $\frac{1}{8}$ 28. $\frac{1}{4}$ 29. $1\frac{2}{3}$ 30. $1\frac{5}{16}$
31. $\frac{20}{27}$ 32. $12\frac{1}{2}$ 33. $8\frac{1}{8}$ 34. $\frac{5}{12}$ 35. $1\frac{2}{3}$ 36. $6\frac{2}{3}$
37. $\frac{3}{10}$ 38. $\frac{4}{21}$ 39. $\frac{5}{16}$ 40. $1\frac{5}{6}$ 41. $1\frac{37}{40}$ 42. $6\frac{4}{5}$

Page 58 **Exercise 1E**

1.

3	÷	2	→	$1\frac{1}{2}$
÷		÷		
8	×	$\frac{1}{4}$	→	2
↓		↓		
$\frac{3}{8}$	×	8	→	3

2.

$\frac{1}{4}$	−	$\frac{1}{16}$	→	$\frac{3}{16}$
−		+		
$\frac{1}{8}$	÷	$\frac{1}{8}$	→	1
↓		↓		
$\frac{1}{8}$	+	$\frac{3}{16}$	→	$\frac{5}{16}$

3.

$\frac{2}{3}$	−	$\frac{1}{5}$	→	$\frac{7}{15}$
−		×		
$\frac{3}{8}$	÷	$\frac{1}{4}$	→	$1\frac{1}{2}$
↓		↓		
$\frac{7}{24}$	÷	$\frac{1}{20}$	→	$5\frac{5}{6}$

4.

$\frac{1}{4}$	−	$\frac{1}{5}$	→	$\frac{1}{20}$
×		÷		
2	÷	$\frac{1}{4}$	→	8
↓		↓		
$\frac{1}{2}$	×	$\frac{4}{5}$	→	$\frac{2}{5}$

5.

$\frac{2}{3}$	×	4	→	$2\frac{2}{3}$
×		÷		
$\frac{1}{2}$	÷	8	→	$\frac{1}{16}$
↓		↓		
$\frac{1}{3}$	+	$\frac{1}{2}$	→	$\frac{5}{6}$

6.

$\frac{3}{8}$	×	$\frac{1}{3}$	→	$\frac{1}{8}$
+		÷		
$\frac{1}{4}$	+	$\frac{2}{3}$	→	$\frac{11}{12}$
↓		↓		
$\frac{5}{8}$	−	$\frac{1}{2}$	→	$\frac{1}{8}$

Page 59 **Exercise 2M**

1. 231 2. $\frac{5}{12}$ 3. (a) 13 (b) 11 4. 244 5. (a) $1\frac{5}{7}$ (b) $1\frac{1}{3}$
6. $\frac{11}{7}$ 7. 2000 ml

Page 60 **Exercise 2E**

1. 84 000 2. 203 cm³ 3. (a) $1\frac{11}{24}$ (b) 26 (c) $\frac{3}{50}$ 4. $\frac{7}{9}$ is missing fraction

Answers 9H

5. 11   **6.** 50   **7.** $\frac{333}{106}$ (or other possibilities eg. $\frac{314}{100}$!)

Page 61   Exercise 3E

1. $r = \frac{4}{9}$
2. $r = \frac{28}{99}$
3. $\frac{2}{9}$
4. $\frac{73}{99}$
5. $\frac{51}{99}$
6. $\frac{29}{99}$
7. $\frac{245}{999}$
8. $\frac{326}{999}$
9. $\frac{139}{333}$
10. $\frac{82}{99}$
11. (a) $0.1\dot{6}$ (b) $0.\dot{8}$ (c) $0.\dot{2}8571\dot{4}$ (d) $0.\dot{3}8461\dot{5}$

Page 62   Exercise 4M

1. $\frac{2x}{5}$
2. $\frac{3x}{7}$
3. $\frac{3z}{4}$
4. $\frac{3x}{10}$
5. $\frac{5x}{8}$
6. $\frac{5x}{12}$
7. $\frac{9x}{20}$
8. $\frac{3x}{20}$
9. $\frac{x^2}{12}$
10. $\frac{t}{5}$
11. $\frac{ab}{8}$
12. $\frac{9x^2}{16}$
13. $\frac{y^2}{9}$
14. $\frac{8t}{5}$
15. $3\frac{1}{3}$
16. $\frac{15x^2}{4}$
17. $\frac{8}{x}$
18. $\frac{6}{t}$
19. $\frac{21}{p}$
20. $\frac{12}{x^2}$

Page 62   Exercise 4E

1. (a) $1\frac{1}{10}$ (b) $1\frac{1}{10}x$ (c) $\frac{3}{10}$ (d) $1\frac{1}{5}$
2. (a) $\frac{1}{12}$ (b) $\frac{m}{12}$ (c) $\frac{m^2}{12}$ (d) $1\frac{1}{3}$
3. (a) $\frac{17}{24}$ (b) $\frac{17s}{24}$ (c) $\frac{s}{8}$ (d) 3
4. (a) $\frac{3}{14}$ (b) $\frac{3t}{14}$ (c) $\frac{5t^2}{14}$ (d) $1\frac{3}{7}$
5. (a) $\frac{n}{2}, \frac{1}{2}n$ (b) $\left(\frac{n}{2}\right)^2, \frac{n}{2} \times \frac{n}{2}$ (c) $\frac{n}{2} - \frac{n}{4}$
6. $\frac{3y + 2x}{xy}$
7. $\frac{3}{t}$
8. $\frac{4q - 5p}{pq}$
9. r^2
10. $\frac{p + q}{x}$
11. $\frac{11}{2x}$
12. $\frac{n}{m}$
13. $\frac{3q}{p}$
14. $\frac{y}{a^3}$
15. $\frac{16x}{15}$
16. $\frac{5a - 2b}{10}$
17. $\frac{9t + 4z}{12}$
18. (a) $\frac{101}{2}$ (b) $\frac{n+1}{2}$

Page 64   Exercise 5M

1. 12
2. 10
3. 20
4. −14
5. −25
6. $1\frac{1}{2}$
7. $2\frac{2}{3}$
8. $\frac{4}{5}$
9. $\frac{6}{7}$
10. $\frac{4}{9}$
11. 2
12. 12
13. $2\frac{2}{3}$
14. 15
15. $-\frac{8}{11}$
16. −50

Page 64   Exercise 5E

1. 12
2. 18
3. −5
4. 12
5. 22
6. 51
7. 3
8. $1\frac{1}{4}$
9. $\frac{1}{4}$
10. 3
11. $\frac{5}{11}$
12. −2

13. $\frac{1}{2}$ **14.** $-1\frac{3}{7}$ **15.** -2 **16.** $\frac{1}{2}$ **17.** $3\frac{8}{21}$

Page 65   Exercise 1M

1. 2^4 **2.** 7^6 **3.** $3^2 \times 2^4$ **4.** a^5 **5.** p^3 **6.** $5^4 \times 8^2$
7. 3^{10} **8.** 4^5 **9.** 8^8 **10.** 7^{44} **11.** 9^{24} **12.** n^5
13. a^{10} **14.** n^{10} **15.** y^8 **16.** 8^4 **17.** 7^3 **18.** 3^7
19. 11^5 **20.** 6^8 **21.** 5^7 **22.** n^5 **23.** a^7 **24.** x^{10}
25. 3^3 **26.** 2^5 **27.** 4^6 **28.** 2^6 **29.** 4^7 **30.** n^8
31. $5^3 \times 5^2 = 5^5$ **32.** $7^5 \div 7^3 = 7^2$ **33.** $3^2 \times 3^{10} = 3^{12}$ **34.** $7^{13} \div 7^{10} = 7^3$
35. $n^3 \times n^3 = n^6$ **36.** $3^{100} \div 3^{80} = 3^{20}$ **37.** $3^6 \div 3 = 3^5$ **38.** $10^{10} \div 10^9 = 10$
39. 2^4 **40.** 25 **41.** 4 **42.** 100 **43.** 27 **44.** 1
45. 16 **46.** 16 **47.** 1000 **48.** 1

Page 66   Exercise 1E

1. $\frac{1}{2}$ **2.** $\frac{1}{3}$ **3.** $\frac{1}{10}$ **4.** $\frac{1}{4}$ **5.** $\frac{1}{8}$ **6.** $\frac{1}{n}$
7. $\frac{1}{4}$ **8.** $\frac{1}{9}$ **9.** $\frac{1}{100}$ **10.** $\frac{1}{1000}$ **11.** $\frac{1}{8}$ **12.** $\frac{1}{25}$
13. 100 **14.** 16 **15.** 25 **16.** $\frac{1}{9}$ **17.** $\frac{1}{4}$ **18.** $\frac{1}{10}$
19. T **20.** T **21.** F **22.** T **23.** F **24.** F
25. T **26.** T **27.** F **28.** F **29.** T **30.** T
31. 4^5 **32.** 3^{-7} **33.** 5^3 **34.** 2 **35.** 10^3 **36.** 0

Page 67   Exercise 2M

1. 2^6 **2.** 3^8 **3.** 10^6 **4.** 4^{15} **5.** 6^4 **6.** 7^{18}
7. n^6 **8.** a^{20} **9.** 5^{-2} **10.** 2^{10} **11.** 3^{11} **12.** 5^7
13. 5^{10} **14.** 7 **15.** a^{11} **16.** 1, 1, 1, 1, 9, 8 **17.** T **18.** T
19. F **20.** F **21.** T **22.** F **23.** F **24.** T
25. T **26.** F **27.** T **28.** T

Page 68   Exercise 2E

1. ± 3 **2.** 2 **3.** 10 **4.** 4 **5.** 3 **6.** 2 **7.** 2 **8.** -1
9. -1 **10.** 0 **11.** 0 **12.** 0 **13.** 125 **14.** 216 **15.** 81 **16.** 343
17. 243 **18.** 12 **19.** 17 **20.** 1 **21.** 1 **22.** 100 **23.** 2 **24.** 5
25. T **26.** F **27.** T **28.** T **29.** T **30.** F **31.** (a) 1024 (b) 30 (c) 31

Answers 9H

Page 69   Exercise 3M

1. 2^{19} 2. 6^6 3. 10^3 4. 10^{21} m^3 5. 10^5 6. 10^7 s, less
7. (a) (i) 3   (ii) 4   (iii) 10   (iv) 12   (v) 2   (vi) 3   (vii) 10   (viii) 2
   (b) (i) square root   (ii) cube root
8. Assuming numbers are labelled *a, b, c, d, e, f* the order of size is *d, b, a, c, f, e*

Page 70   Exercise 3E

1. about 2.5   3. (a) 2.9   (b) 1.5, 4.9
4. (a) As $n \to \infty$, $\sqrt[n]{2} \to 1$ (b) $\sqrt[n]{n} \to 1$ 5. (a) 3   (b) 4.56

Page 72   Exercise 1M

1. 5×10^3 2. 7×10^4 3. 3×10^6 4. 7.5×10^3
5. 2.6×10^4 6. 1.4×10^7 7. 5.42×10^5 8. 5×10^9
9. 6.1×10^7 10. 2.4×10^2 11. 10^4 12. 1.65×10^8
13. 2×10^{-4} 14. 7×10^{-6} 15. 5×10^{-3} 16. 4.1×10^{-5}
17. 8.2×10^{-7} 18. 1.2×10^{-2} 19. 7.23×10^{-5} 20. 2×10^{-1}
21. 60 000   22. 5200   23. 0.006   24. 0.5
25. 3 200 000   26. 0.00017   27. 32 500   28. 0.0058
29. £2×10^{11} 30. 2.4×10^{-7} m   31. 6×10^{21} tonnes   32. 18 000 000
33. 7×10^{-6} m   34. 5 000 000 000   35. (a) 0.000 0062   (b) 0.000 000 062 m

Page 73   Exercise 1E

1. 10^{-4} m   2. 9   3. 6   4. *r, s, q, p*
5. part (b)   6. 10^9 mm^3 7. (a) 2×10^8 (b) 3×10^8
8. 3×10^6 9. 2×10^{-2} cm/s   10. 3×10^8 11. 2.37×10^{11}
12. 3×10^{12} 13. (a) 1.35×10^4 (b) 2×10^4 (c) 2.56×10^{-1} (d) 2.4×10^6
14. (a) 1.35×10^4, 4.05×10^4 (b) 2×10^4, 1×10^4
    (c) 2.56×10^{-1}, 1.024   (d) 2.4×10^6, 4.8×10^7

Page 75   Exercise 2M

1. 6×10^7 2. 2×10^7 3. 1.5×10^{10} 4. 7×10^9
5. 9×10^8 6. 1.6×10^9 7. 4.5×10 8. 1.2×10^{14}
9. 1.86×10^{11} 10. 2×10^{-10} 11. 7.5×10^{-12} 12. 2.5×10^9
13. 2.7×10^{16} 14. 3.5×10^{-6} 15. 8.1×10^{-21} 16. 6.3×10^{13}
17. 1.5×10^{16} 18. 3.2×10^9 19. 2.8×10^{16} 20. 1.6×10^3
21. 2×10 22. 5×10^{-20} 23. 5×10^{-4} 24. 3×10^{-11}

Page 76 **Exercise 2E**

1. (a) 8×10^{-9} m^2 (b) 2.5×10^5 2. (a) 3×10^{10} cm^3 (b) 7.85×10^6 cm^3
3. 1000 min   4. 6.64×10^5 5. (a) 1.99×10^{27} t   (b) 2.7×10^7
6. 9.46×10^{12} km   7. 8.34 min   8. 4.96×10^{15} km
9. (a) 1.26×10^{14} t   (b) 6.34×10^{-12}%   10. 4.53×10^{11}

Page 78 **Exercise 1**

1. £1.60   2. (a) 2.1   (b) £18   (c) 43   (d) 2×10^5 (e) 1000   (f) 6
3. many answers   4. (a) £66   (b) £720   (c) £2040   5. 300 m
6. 3.5×10^{13} pence   7. (a) $3(2n - 5)$ (b) $7(n - 4)$ (c) $5(x + 6)$
   (d) $y(y - 4)$ (e) $n(n + 8)$ (f) $2x(2x + 3)$ or $x(4x + 6)$
8. 37.5   9. (a) $6^2 = 5^2 + 11$ (b) $5 + 9 \times 1234 = 11\,111$ 10. £36

Page 79 **Exercise 2**

1. (a) $358 + 473 + 609 = 1440$ (b) $2943 + 5271 + 1426 = 9640$
2. 64 g   3. 1881   4. 25   5. 34 hours 30 minutes
6. (a) $\frac{1}{21}$ (b) 1.5×10^{12} (c) 209   7. 61   8. 7, 32
9. 25   10. 10, 11, 12

Page 80 **Exercise 3**

1. (a) F   (b) T   (c) T   (d) F   (e) T   (f) F   2. 0.18 s
3. £140   4. Any 2 from: (1, 5), (5, 2), (3, 1), (2, 6)   5. 62.5%
7. (a) 218 cm^2 (b) 275   8. This is a very silly code
9. 121, 12321, 1234321; 123454321, 12345654321
10. 50 600 000%

Page 82 **Exercise 4**

1. Across horizontal lines: 9, 6, 8, 3 and 7, 5, 10, 4
2. (a) –2   (b) –9   (c) 23   3. (a) 0.0107   (b) 6.06   (c) 2.77
4. 125.7 cm^2 (1 d. p.)   5. 5   6. (a) £74   (b) 500 km
7. £1140.75   8. (a) $246 + 168$ (b) $349 \times 4 = 1396$ (c) $54 \times 28 = 1512$
9. £80 million   10. $x = 4$, area = 70 cm^2

Page 83 **Exercise 5**

1. 49.75   2. 0.001111…   3. 12   5. (a) (i) 55   (ii) $5n(n + 1)$
   (b) n (c) n^2 6. 37.5 hours   7. 1.08×10^9 km   8. 30 cm
9. 36   10. In order: 108°, 45°, 90°, 36°, 81°

Answers 9H

Page 85 **Exercise 1M**

1. Strong positive correlation   2. No correlation   3. Negative correlation
4. No correlation   5. For discussion

Page 87 **Exercise 1E**

1. $p \approx 11$ 2. $p \approx 9$ 3. not possible
4. (c) About 26   (d) About 43   5. (b) About 33 m.p.g.   (c) About 62 mph
6. (b) positive correlation   (c) 22 cm to 22.5 cm

Page 89 **Exercise 1M**

1. (a) 7×14 (b) $2\frac{1}{2} \times 5$ (c) 2.2×4.4
2. (a) 4×12 (b) 3.5×10.5 (c) 1.1×3.3
3. (a) 8×9 (b) 14×15 (c) 7.3×8.3 4. 21 cm × 22 cm × 23 cm

Page 91 **Exercise 2E**

1. Between 13.6 and 13.7
2. (a) 9, 9.1   (b) 15.1, 15.2
3. (a) 10.3, 10.4   (b) 16.8, 16.9   (c) 10.5, 10.6

Page 92 **Exercise 3M**

1. (a) 22.6   (b) 11.9   2. (a) 3.1   (b) 9.5   (c) 4.2
3. 3.91   4. (a) 5.31   (b) 3.87   (c) 4.38   (d) 9.49
5. 12.27   6. 4.24   7. 5.84429   8. 9.09 cm   9. 5.7   10. 3.81 cm

Page 93 **Exercise 3E**

1. (a) $x + 1$ (b) 5.73   2. 5.8   3. 1.8 cm   4. 12.9   5. 4.64
6. (a) 3.74 cm   (b) 4.4   7. 0.07   8. 4.4   9. (a) 2.1   (b) 1.9
   (c) −1.2   10. 3.8   11. 2.7   12. 59

Page 96 **Unit 2   Mixed Review**

Part one

1. 17   2. 4.8×10^{27} 3. 10   4. (a) $\frac{3}{8}$ (b) $\frac{8}{21}$
5. 1, 2, 7, 10, 10   6. 7.5×10^8 7. 125.9   8. (b) 1/2 no correlation
   1/3 positive correlation   (c) (i) cannot estimate   (ii) about $3 \to 3.5$
9. (a) $-\frac{2}{3}$ (b) 10.8   10. 240 ml   11. 2 m   12. (a) $(x + 3)$ cm
   (b) 5.5 cm   13. (a) 1.63×10^{18} (b) 6.32   (c) 0.198   (d) 4.40
14. (a) (i) $3x + 3$ (ii) $x + 5$ (b) $24\frac{3}{8}$ cm^2

Part two

1. (a) $n = 2, a = 4$ (b) 19683   (c) 4×10^9 2. (a) 20 cm   (b) 7.2, 7.3
3. 8.66×10^9 m^3 4. 6   5. (a) 23   (b) 3, 7, 15, 31   (c) $2n + 1, 4n + 3$
6. (a) 4.8 cm   (b) 420.6 cm   (c) $(1.4n + 0.6)$ cm   7. (b) positive correlation
   (c) $22 \rightarrow 22.5$ cm   8. (a) 2 000 000   (b) 9.998 billion   9. 7.5
10. 32.5 cm   11. 53 340 000   12. (a) 8.56 cm   (b) 14.1 cm
13. (a) 40   (b) 10^9 litres   14. (b) 4.4   15. (a) 27   (b) 1621 or 1622
    (c) $4384 \rightarrow 4387$

Page 102   Puzzles and Problems 2

Crossnumbers

1.

	4	2	7	1		4	2	8	9		5
2	0	2		4	5	6		5	6	7	3
3	7	7		7	7	0		3	1	1	2
5	6		1	9		1	4		7	3	
		3	7	8		5	3	3	2	4	5
5	6	2	3				6	0	3	1	8
8	0			4	2	8	4				
	1	6	2	4		8	1	5	7	1	3
6	1	3	3	3	3	5		5	3	8	1
2	1		6	2	0	7	8		2	2	2
8		1	4	0	2	2	2	4		4	4
	1	6	1	5		4	8	7	5		1

2.

5	2	3	4	1	6		1	2	2	8	2
7	3		9	5	3	9	2		9		6
1	0	7	5	2		9		3	0	7	2
	8	3	1	1	4		4	3	5	6	7
5	7	6		6	9	0	7	3		2	5
3	1	4	1		9			9	3	6	2
8	2		8	3		3	0		6	1	1
2		4	2	8	4	1	7	3		4	1
2	9		5		4	7		5	3		1
2	5	8	3	7		8	5		2	8	
	9	1		7	7	5	2	7		1	7
1	1		1	3	4		5	0	0	7	8

Problems

1. A   2. D   3. C   4. C   5. B   6. B   7. E   8. D

A long time ago! 2

Page 104   The Möbius Strip

1. 1 side, 1 edge
2. one long strip with 4 half-twists in it
3. two interlocking rings, each of which has four half-twists
4. a long loop with 2 half-twists interlocking with a Möbius strip the length of the original
5. two linked rings

UNIT 3

Page 106 Exercise 1M

1. 50° 2. $b = 50°, c = 65°$ 3. 110° 4. $f = 36°$ 5. 40° 6. 150°
7. $i = 60°, j = 65°, k = 115°$ 8. $l = 50°, m = 55°, n = 125°$ 9. $p = 36°$
10. 76° 11. $a = 40°, b = 60°$ 12. $a = 105°, x = 30°$ 13. 25.7°

Page 107 Exercise 1E

1. 66° 2. 150° 3. 37° 4. $i = 90°, j = 55°$ 5. 27°
6. $k = 40°, m = 70°$ 7. $n = 30°$ 8. $p = 48°$ 9. $q = 64°$ 10. $x = \frac{a}{2}$

Page 108 Exercise 2M

1. A 056°, B 149°, C 341° D 249°, E 270°
2. (a) 045° (b) 090° (c) 135° (d) 180° (e) 225° (f) 270°
3. 12.7 → 12.8 km 4. 14.0 km
6. (a) (7, 3) (b) (3, 5) (c) (3, 1) (d) $(4\frac{1}{2}, 6\frac{1}{2})$ (e) (3, 5) (f) (3, 4)

Page 109 Exercise 3M

1. 6.4 2. 6.7 3. 6.8 4. 5.7 5. 6.2 6. 6.6
7. 8.6 8. 12.7 9. 11.0 10. 12.0 11. 10.8 12. 3.3 m
13. 15 cm 14. 11.40 cm 15. 11.36 cm 16. 8.43 cm

Page 111 Exercise 3E

1. 5.14 cm² 2. 72.7 cm² 3. 102 cm² 4. 18 cm² 5. 14.3 cm²

Page 111 Exercise 4M

2. (a) $x = 0$ (b) $y = 3$ (c) $x = 1$ (d) $y = x$ (e) $y = -\frac{1}{2}$ (f) $y = x$
4. (a) 90° clockwise about (0, 0) (b) 90° clockwise about (1, 2) (c) 180° about (0, 0)
   (d) 90° anti-clockwise about (1, –2) (e) 180° about (1, 1) (f) 90° clockwise about (2, 1)
6. (a) s.f. 2, centre (0, 0) (b) s.f. 2, (–6, 5) (c) s.f. 3, (5, –6) (d) s.f. 3, centre (2, 3)
   (e) s.f. $\frac{1}{2}$, (4, 1)

Page 113 Exercise 4E

1. (–1, –4) 2. 125 3. (a) 6 (b) (i) 6 (ii) 8
4. (a) 45 litres (b) 6.6 pounds (c) 5 miles (d) 180 cm (e) 2 gallons
   (f) 20 kg (g) 0.22 m (h) 16 mm (i) 3200 g
5. 143 km 6. (a) $\sqrt{89} \simeq 9.43$ cm (b) $\sqrt{98} \simeq 9.90$ cm 7. 14.5 cm
8. 313° 9. construction

Page 115   Exercise 1M

1. $3n + 2$
2. $4n + 1$
3. $5n + 1$
4. $4n + 2$
5. (a) $2n + 3$ (b) $4n - 1$ (c) $6n - 4$
6. (a) $8n - 6$ (b) $3n + 4$ (c) $9n + 12$
7. $2n + 1$
8. $4n + 1$
9. (a) $h = 3n + 4$ (b) $p = 5n - 3$ (c) $s = \frac{n}{2} + 3$
10. for discussion

Page 117   Exercise 1E

1. $w = 4n + 6$
2. $w = 6n + 4$
3. $d = 3h + 2$
4. (a) $z = 6n - 5$ (b) $z = 15 - 3n$
5. $p = 12 - 2c$
6. (a) $s = 2h - 1$ (b) 171
7. (a) 21 (b) $4n + 1$
8. (a) $\frac{3}{5}, \frac{3}{10}, \frac{3}{17}$ (b)
9. (a) 22 (b) 3001 (c) $3n + 1$
10. First column 0, 8, 16, 24, 32, $8(n - 1)$. Second column 1, 9, 25, 49, 81, $(2n - 1)^2$.

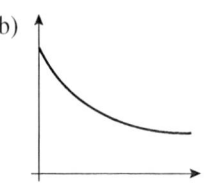

Page 120   Exercise 2M

1. $2n^2 + 1$
2. $n^2 + 3$
3. $2n^2 - 1$
4. $3n^2 + 4$
5. $4n^2$
6. $2n^2 + 5$

Page 121   Exercise 2E

1. $n^2 + 2n - 1$
2. $n^2 + 3n + 1$
3. $n^2 - 2n + 3$
4. $2n^2 + n + 1$
5. $3n^2 + 4$
6. $n^2 + 5n - 4$
4. $\frac{n^2 + n}{2}$
8. $n^2 - 2n + 5$
9. (c) $n^2 + 3n$
10. (b) 2870
11. (a) $2n$ (b) $2n + 2$

Page 124   Exercise 1M

1. (a) 1.08 (b) 24.9 (c) 195 (d) 0.765
   (e) 17.5 (f) 0.0767 (g) 28 800 (h) 2390
   (i) 0.856 (j) 4260 (k) 0.0113 (l) 676 000
2. (a) 20 (b) 8 (c) 0.716 (d) 1820
   (e) 24 000 (f) 0.035
3. (a) 5.48 (b) 0.0143 (c) 18.2 (d) 4.58
   (e) 14.1 (f) 6.64 (g) 905 (h) 1.43
4. 5.270, 5.2739, 5.265

Answers 9H

5. (a) 8.7 (b) 27.5 (c) 11.1 (d) 0.7 (e) 180.8 (f) 3.0
(g) 0.1 (h) 0.0 6. (a) 12.33 (b) 6.96 (c) 2.35 (d) 5.72
(e) 3.05 (f) 0.55 (g) 94.38 (h) 7.76
6. (a) 12.33 (b) 6.96 (c) 2.35 (d) 5.72
(e) 3.05 (f) 0.55 (g) 94.38 (h) 7.76

Page 126   Exercise 2M

1. C   2. B   3. A   4. D   5. A   6. B   7. B   8. A
9. C   10. C   11. A   12. B   13. C   14. C   15. B   16. C
17. C   18. B   19. C   20. A

Page 127   Exercise 2E

1. £1000   2. 6 kg   3. circumference ≈ 18 m (15 × 1.2 m), diameter ≈ 6 m (18 ÷ π)
4. about £300   5. 10 cm   6. No. 60 000 is better
7. about 80 km   8. about 100 m   9. 100 kg
10. (a) 900   (b) 70/80   (c) 0.2 kg   (d) 90 000   (e) £2000
    (f) 0.5   (g) 100   (h) 300   (i) 100
11. (a) Yes   (b) Yes   (c) No   (d) Yes or No!   (e) No
12. 15 → 20 million
13. (a) >   (b) <   (c) >   (d) <   (e) >   (f) <
    (g) <   (h) <   (i) >   (j) <   (k) >   (l) <
14. About £3.2 billion (51 × 1760 × 36 × 989)

Page 130   Exercise 3M

1. (b) 8.5   (c) 71.5, 72.5   (d) 3.15   (e) 5.75, 5.85
2. 83.5 cm   3. 5.25 kg   4. (a) 8.45 cm   (b) 4.25 cm   5. 5′ 8$\frac{1}{2}$″
6. 3.65 g   7. 92$\frac{1}{2}$ million miles   8. 20.625 s

Page 130   Exercise 3E

1. 17.8499… g
2. (a) 5.55 cm, 5.65 cm   (b) 36.5 m, 37.5 m   (c) 0.265 g, 0.275 g
   (d) 225°C, 235°C   (e) 314.5 km, 315.5 km
3. (a) 12.4$\dot{9}$ by 8.4$\dot{9}$ cm   (b) 106.24$\dot{9}$ cm²   4. 16.25 cm (3.75 + 5.45 + 7.05)
5. (a) 11.$\dot{9}$ (b) 58.9375   (c) 16.4$\dot{9}$ (d) 4.0$\dot{9}$
6. (a) 10.25   (b) 3.657   (c) 2   (d) 1.8   7. 67.4$\dot{9}$ g
8. C   9. 1 g   10. Yes, it could fit.

Page 132 Exercise 1M

5. (b) $2 \times 1 \times 1$ cuboid   **6.** (a) E   (b) B   **9.** 1 B, 2 D, 3 C, 4 A

10.

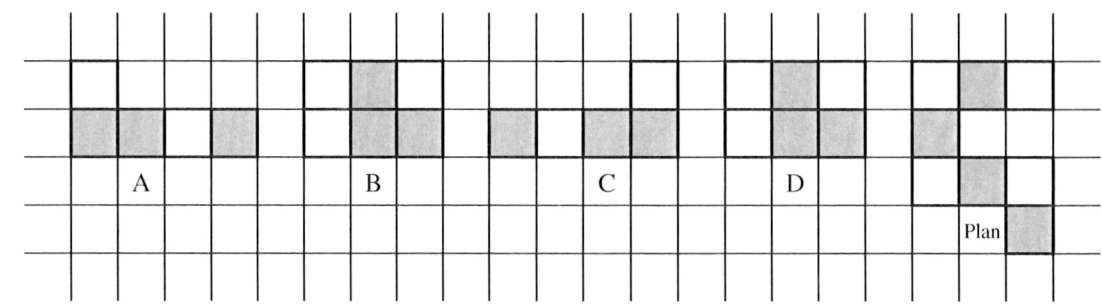

Page 135 Exercise 1E

4. (a) 5   (b) 40   **5.** (a) 4   (b) 32   **6.** ratio = 8:1

7. ratio = 27:1. In general ratio = (scale factor)^3: 1

Page 136 Exercise 2M

1. cuboid 3, prism 4

Page 139 Exercise 1M

1. 12.5%   **2.** 16%   **3.** 30%   **4.** 33.8%   **5.** 23.1%   **6.** 14.9%

7. (a) 10%   (b) 3%   (c) 53.7%   (d) 12.5%   (e) 5%   (f) 20%   **8.** 13.6%

9. 42.0%   **10.** 13.0%

Page 140 Exercise 1E

1. 40.7%   **2.** (a) £4.25   (b) 47.2%   **3.** 33.1%

4. (a) 54.5%   (b) 51.6%   (c) 46.4%   (d) 17.5%   **5.** 65.6%   **6.** 4.6% increase

7. He should have received €16 in change.

He did receive £26.66 in change. So he paid £73.34 for an i Phone costing £240.

Page 142 Exercise 2M

1. £1.10   **2.** 25 kg   **3.** £55   **4.** 4.50 cm^3 **5.** £27500

6. 263 500   **7.** 350 kg   **8.** £9.80

Page 143 Exercise 2E

1. 320 g   **2.** £36   **3.** 375 cm^3 **4.** £2.50   **5.** 6 cm × 5 cm

6. 5 kg   **7.** (a) £16.80

Page 144 Exercise 3M/E

1. 19 850 000   **2.** 52 000   **3.** (a) 61.7%   (b) 17.6%   **4.** 6605 cm^3

Answers 9H

5. £49   **6.** 1260 litres   **7.** (a) 18 km   (b) 1 min 44 s   **8.** (a) £25306.38   (b) £30789.08
9. (a) £13225   (b) £46523.91   (c) 2017

Page 146   **Unit 3**   **Mixed Review**

1. 6   **2.** (a) 3^7 (b) a^8 (c) 1   (d) $8a^6$ **3.** $n^2 - n$
4. (a) 50, $5n$ (b) 20, $2n$ (c) $\frac{10}{11}, \frac{n}{n+1}$ (d) $\frac{10}{13}, \frac{n}{n+3}$
(e) $10^2, n^2$ (f) $10^8, 10^{n-2}$ (g) $13 \times 3^{10}, (n+3) \times 3^n$ (h) $1001, 100n + 1$
5. about 2500 years   **6.** (a) about £1600   (b) about 400 m
7. (a) True   (b) $9^4 \times 9^4$ or $3^4 \times 3^4 \times 3^4 \times 3^4$ or $9^4 \times 3^4 \times 3^4 \times 1^4$ plus others
8. about 1562   **9.** (a) 1.82   (b) 1.05   (c) 1.53
10. 92°   **11.** (a) $\frac{1}{2}, \frac{2}{3}, \frac{3}{4}, \frac{4}{5}$ (b) $2^9 (= 512)$ **12.** 15.3 cm²
14. (a) 10.0 cm   (b) 5.7 cm   **15.** 0.15 m

Part two

1. (a) 86703   (b) 1040 kg   **2.** $n = 1000, m = 3$
3. (a) ≈ 5000 cm²   (b) £850   (c) 5047 cm²   **4.** 41.3 km
5. (a) 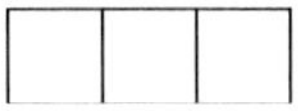   (b) 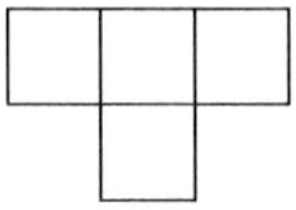   (c)

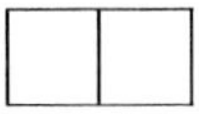

6. (a) 6   (b) 2   (c) A and C   **7.** $\frac{7x}{y}$ **8.** 12.5 cm²
9. 8%   **10.** (a) 10 blue, 22 white   (b) 150 blue, 302 w   (c) $2n + 2$
11. 27 kg   **12.** All true except $3^4 + 4^4 + \ldots$ **13.** (a) £4.95   (b) 25
(c) £11.75   **14.** 368.64   **15.** 20.02.20.02.2002 or 21.12.21.12.2112

Page 152   **Puzzles and Problems 3**

1. (a) 36, 3, 4, 72   (b) 12, −2, 3, −36   (c) 23, 1, 23, 0
(d) 63, 3, 7, 126   (e) 2, ½, 8, −1   (f) 8, 4, ½, 24
(g) 20, −2, 5, −60   (h) 1, 2, ¼, 1   (i) −10, −0.1, −1000, 11

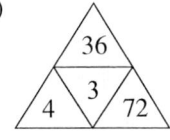

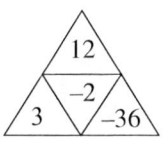

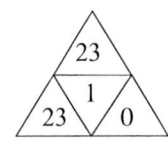

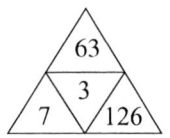

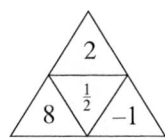

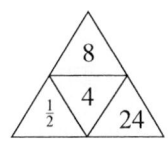

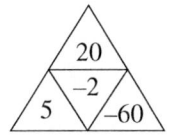

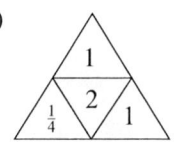

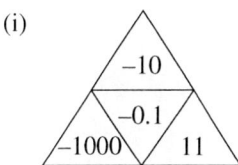

(j) Triangle: top pq^2, middle q, left p, arrow $pq^2(q-1)$

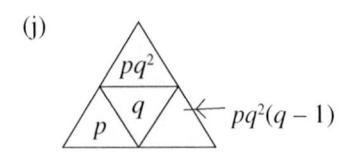

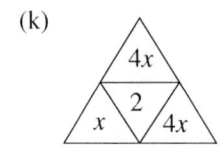

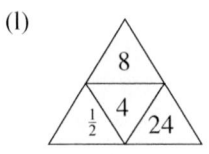

(k) Triangle: top $4x$, middle 2, left x, right $4x$

(l) Triangle: top 8, middle 4, left $\frac{1}{2}$, right 24

2. 5   **3.** 70   **4.** 29   **5.** 6π

Page 153 Hidden words

1. Nets have lots of holes   2. His car is a heap of rust   3. Pi is roughly three point one

Page 156 Mayan numbers (A long time ago 3)

1. (a) 132   (b) 240   (c) 196   (d) 68   (e) 3020
   (f) 966   (g) 2058   (h) 2523

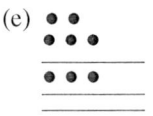

2. (Mayan numeral diagrams)

3. counted using fingers and toes

4. 11132

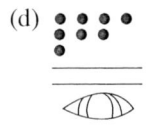

5. (Mayan numeral diagrams)

7. Base 16. (a) 512   (b) 15042   (c) 65535

UNIT 4

Page 158 Exercise 1M

1. (a) $\binom{3}{1}$ (b) $\binom{3}{-2}$ (c) $\binom{5}{1}$ (d) $\binom{2}{-3}$ (e) $\binom{0}{4}$ (f) $\binom{8}{0}$

   (g) $\binom{2}{-3}$ (h) $\binom{-3}{-2}$ (i) $\binom{-10}{0}$ (j) $\binom{8}{-9}$

2. (a) APPLE   (b) $\binom{-4}{0}, \binom{-1}{1}, \binom{2}{-3}, \binom{2}{-1}$

3. (a) WHAT DO YOU CALL A MAN WITH A WOODEN HEAD? EDWARD.
   (b) HOW DO YOU SPELL HUNGRY HORSES IN FOUR LETTERS? MTGG.

Answers 9H   23

4. $\begin{pmatrix} 6 \\ 10 \end{pmatrix}$ **5.** $\begin{pmatrix} -2 \\ 4 \end{pmatrix}$ **6.** various e.g. $\begin{pmatrix} 1 \\ -2 \end{pmatrix}, \begin{pmatrix} -1 \\ 2 \end{pmatrix}$ **7.** (–4, 6)   **8.** (–5, 8)

Page 160   **Exercise 2M**

1. (a) Rotation 90° clockwise, centre (0, 1)
   (b) Reflection in $x = 1$
   (c) Translation $\begin{pmatrix} 1 \\ -5 \end{pmatrix}$
   (d) Enlargement, scale factor 2, centre (–5, 0)
   (e) Rotation 180° centre (0, –3)

2. (a)   (b)   (c)

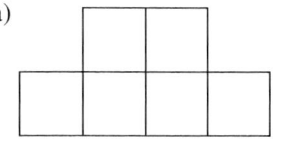

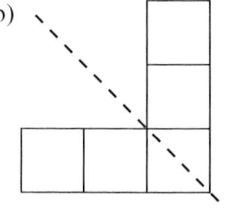

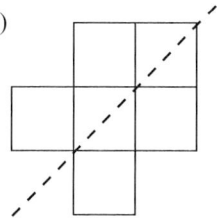

3. (a) (i) (7, 3)   (ii) (1, 7)   (iii) (99, 3)   (iv) (3, 1)   (v) (–3, –1)
5. (d) (i) Rotation 90° anticlockwise, centre (0, 0)   (ii) Translation $\begin{pmatrix} -2 \\ 5 \end{pmatrix}$
   (iii) Rotation 90° anticlockwise, centre (2, –4)

Page 162   **Exercise 2E**

1. (d) translation $\begin{pmatrix} 12 \\ 0 \end{pmatrix}$
2. (a) Reflection in $y = 0$, Translation $\begin{pmatrix} -7 \\ 0 \end{pmatrix}$ (b) Yes
3. (a) Reflection in $y = x$ (b) Reflection in $x = 0$ (c) No
4. Enlargement scale factor 2, Reflection in $y = -x$
5. Translation $\begin{pmatrix} 0 \\ 2 \end{pmatrix}$, Reflection in $x = \frac{1}{2}$
6. Enlargement, scale factor 2, Translation $\begin{pmatrix} -8 \\ 0 \end{pmatrix}$, Rotation 90° anticlockwise, centre (0, 0)

Page 164   **Exercise 1M**

1. (a) 51   (b) 111   (c) 15%   (d) 126.5°
2. (down table) 80°, 120°, 24°, 72°, 64°
3. (a) 1.5%   (b) Africa   (c) Highest → Africa, Lowest → Europe.

   Europe is already well developed whereas Africa is not. So it is easier for Africa to grow from a lower base.

4. (a) positive correlation   (b) no correlation   (c) negative correlation

Page 165   **Exercise 1E**

1. (a) about 45 mm   (b) about 24°C
   (c) Jakarta: Temperature almost constant, rainfall is high but less wet in Summer.

   Vladivostok: Large temperature range, much less rainfall which is mainly from May to September.

Answers 9H

2. (a) 4% (b) More old people in Australia. Possibly because better health care is available.
3. (a) Switzerland about $1\frac{1}{2}$ children, Nigeria about $6\frac{1}{2}$ children.
   (b) Niger is a very poor country. Women have many children and very few females are in education.
4. Ortega would be better because it has more rainfall
5. (a) C, Uganda (b) D (UK) (c) B (U.A.E.) (d) A (Iran)

Page 166   Exercise 2M

1. B   2. (a) B (b) A (c) D (d) C   3. (a) 120 p (b) 200 p (c) 120 p
4. AB sunshine, water evaporates, BC cloudy, CD rain falls, DE sunshine
5. (a) [graph] (b) [graph]

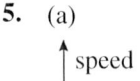

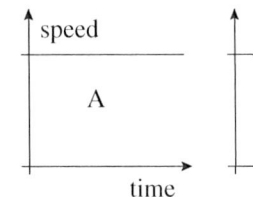

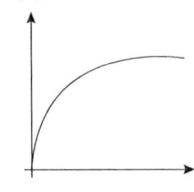

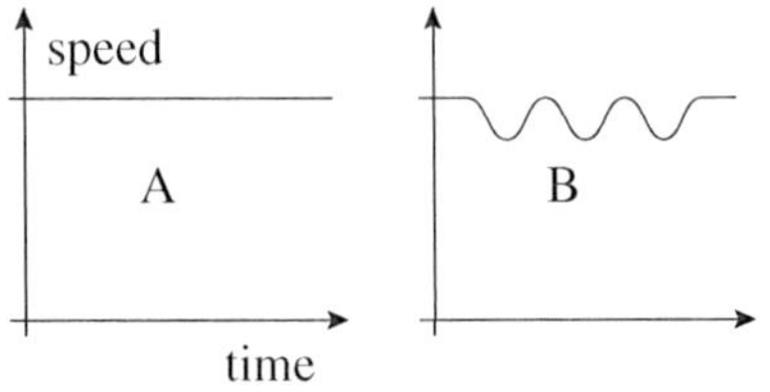

Page 168   Exercise 2E

1. X is B,   Y is C,   Z is A   2. [water level vs time graphs P, Q, R]
3. Weight increases and then, just before 30 days, the weight is halved (possibly due to being cut in half by a bird or a gardener's spade). Thereafter the weight increases until the worm dies just before 60 days.

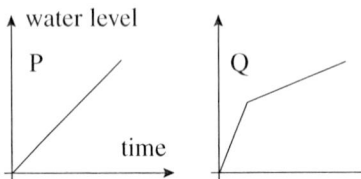

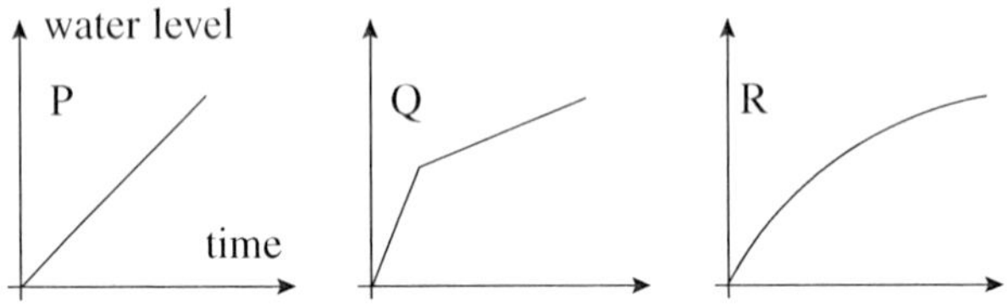

Page 169   Exercise 3M

1. (a) 10.30 (b) 12.00 (c) (i) 10 km/h (ii) 40 km/h (iii) 60 km/h (d) 11.30
2. (a) (i) 40 km/h (ii) 120 km/h (iii) 0 km/h (b) (i) B (ii) B
   (c) 40 km (d) B overtook C (e) B
3. 1145   4. (a) About 4.50 (b) 5.45 (c) 90 km

Page 172   Exercise 1M

1. (a) 113 cm² (b) 201 cm² (c) 95.0 cm² (d) 154 cm²
2. (a) 37.7 cm (b) 50.3 cm (c) 34.6 cm (d) 44.0 cm
3. (a) 56.5 cm² (b) 65.1 cm² (c) 21.5 cm²   4. 169 cm³
5. (a) 226 cm³ (b) 471 cm³ (c) 827 cm³   6. 644 m³
7. (a) 20 cm² (b) 24 cm² (c) 17 cm²
8. 24 m²   9. 12 480 cm³   10. 8 cm × 3 cm   11. a, c only

Page 173 **Exercise 1E**

1. (a) 56.5 cm² (b) 140 cm² (c) 120 cm²
2. (a) 21.5 cm² (b) 20 cm² (c) 226 cm²
3. $\frac{1}{2}ab$
4. £1 050 000
5. 7.35 cm
6. 8.64 m³
7. 3200
8. 586 000 km
9. 1085 g
10. 91.1 cm³
11. 1.50 cm
12. 13.75 cm
13. 251 m³
14. £118 750

Page 176 **Exercise 2M**

1. (a) 3.18 cm (b) 10.2 cm (c) 19.1 cm
2. (a) 2.26 m (b) 1.71 cm (c) 3.66 cm
3. (a) 5.86 cm (b) 1.84 cm (c) 10.9 cm
4. 12.6 cm
5. 31.8 cm
6. 0.573 m
7. 60.9 cm
8. 8.74 cm
9. 1.95 cm

Page 176 **Exercise 2E**

1. 143 cm
2. (a) 1.91 cm (b) 3.18 cm
3. 88.6 cm
4. 56.9 mm
5. 6.91 cm
6. 95.5 m
7. 42
8. 1 m

Page 178 **Exercise 3M**

1. (a) 5 cm (b) 8 cm (c) $7\frac{1}{2}$ cm
2. No
3. 15.1 cm
4. 10.6 cm
5. (a) 16.2 cm² (b) 13.4 cm²
6. 5.10 cm
7. 25 000 cm², 75 000 cm²
8. length = 3.77 m, width = 1.59 m
9. $\frac{11}{12}$ cm²

Page 180 **Exercise 3E**

1. 87.4 cm
2. 1.51 m
3. 9.43 cm
4. 26.5 cm
5. $7.2 billion
6. $2(ab + ac + bc)$
7. $a = 6$
8. 28.0 cm
9. slant height = 30.0 cm, base diameter of hat = 9.99 cm
10. 5.18 cm²

Page 185 **Exercise 1M**

1. Response boxes 'overlap' between £400 and £500.
2. The question is leading.
3. Responses will be difficult to analyse.
4. Responses will be difficult to analyse. Also more boxes needed.
5. The question is difficult to understand!
6. A response box for 'about right' is required.

Questions 7, 8 and 9 provide scope for discussion.

Page 189 **Exercise 1**

1. (a) 3.91 (b) 4.64 (c) 3.17 (d) 2.59
2. 1.5
3. 54
4. missing numbers: £2.66; 5; £7.20; £24.11
5. 2
6. $66\sqrt{6}$

7. (a) 23, 24 (b) 31, 32, 33, 34 (c) 11 × 127 (d) 3, 16

8. 33 cm² **9.** (a) 7.35 (b) 5.265 **10.** (a) 24 (b) 18

Page 190   Exercise 2

1. 36°, 45° **2.** (a) 1140 cm³ (b) £25

3. (a) 9.85 (b) 76.2 (c) 223 512 (d) 1678.1

4. (a) 47 × 13 = 611 (b) 2928 ÷ 8 = 366 (c) 26 × 17 = 442

(d) 641 − 378 = 263 (e) 285 × 9 = 2565 (f) 3381 ÷ 7 = 483

5. 2 **6.** approx. 3.8×10^7 km **7.** 525

8. 8 **9.** (a) 54° (b) £2 173 550 (c) £2 563 290

10. (a) $\dfrac{5 \times 5 \times 5}{5}$ (b) $\dfrac{8}{8} + \dfrac{8}{8}$ (c) $\dfrac{7 + 7 \times 7}{7}$ (d) $6 + \dfrac{6}{6} - 6$ [Many others]

Page 192   Exercise 3

1. £319 225 **2.** 30 g zinc, 2850 g copper, 3000 g total **3.** 764 cm

4. 4h 32 min **5.** 16π cm² (≈ 50.3) **6.** 167 days **7.** 3h 21 min

8. (a) 8 (b) 24 (c) 8 (d) 8 **9.** £354 000 **10.** (a) $\dfrac{1}{8}$ (b) $\dfrac{10}{13}$ (c) 10

Page 193   Exercise 4

1. 6.56 m **2.** 6 ÷ 3 = 2; 9 − 5 = 4; 1 + 7 = 8 (rows) **3.** 13

4. $n = -2, x = 20$ **5.** 32.2 cm² **6.** 7.75 **7.** (a) 2, 5, 11, 23

(b) 7, 15, 31, 63 (c) −1, −1, −1, −1 **8.** 30 **9.** (a) 19:17 (b) 23:49 **10.** 52 cm

Page 194   Exercise 5

1. 5 **2.** 4001 **3.** 5 **4.** A **5.** 565 seconds **6.** 12.5 cm²

7. (a) 1111 5556, 11111 55556 etc (b) 67 **8.** 2:1 **9.** (a) 12, 13

(b) 2, 3 (c) 80 **10.** 54 ($a = 2, b = 3$)

Page 197   Exercise 1M

1. (a) $x = 3, y = 2$ (b) $x = 0, y = 5$ (c) $x = 1, y = 6$

2. (a) $x = 10, y = 1$ (b) $x = 3, y = 8$ (c) $x = 1, y = 4$

Page 198   Exercise 1E

1. $x = 1\tfrac{1}{2}, y = 4\tfrac{1}{2}$ **2.** $x = 5, y = 3$ **3.** $x = 4, y = 3$ **4.** $x = 1\tfrac{1}{2}, y = 3\tfrac{1}{2}$ **5.** $x = -\tfrac{1}{2}, y = 4\tfrac{1}{2}$

6. $x = 2.2/2.3, y = 2\tfrac{1}{2}$ **7.** (a) $x = 4, y = 5$ (b) $x = 11, y = -2$ (c) $x = 2, y = 1$ (d) $x = 5\tfrac{1}{2}, y = 8$

(e) $x = -1.7, y = 2.2$ (f) $x = 3, y = 6$

8. Lines are parallel.

Answers 9H

Page 200   Exercise 2M

1. (a) −7   (b) −1   (c) −2x   (d) 4y   (e) 0   (f) −1
   (g) 4x   (h) 0   (i) 10n   (j) −4y   (k) −4p   (l) −2p
2. $x = 4, y = 2$
3. $x = 5, y = 1$
4. $x = 3, y = \frac{1}{2}$
5. $x = 3, y = -1$
6. $x = 5, y = 2$
7. $x = 2, y = 3$
8. $x = 1, y = 1$
9. $x = 2, y = -3$
10. $x = -2, y = 1$
11. $x = 4, y = 2$
12. $x = 3, y = \frac{1}{2}$
13. $x = 3, y = -1$
14. $x = -2, y = -3$
15. $x = -4, y = 2$
16. $x = -5, y = \frac{1}{3}$

Page 201   Exercise 2E

1. $x = 1, y = -2$
2. $a = 5, b = -2$
3. $a = 4, b = 2$
4. $a = 2, b = 3$
5. $x = -2, y = 3$
6. $x = 4, y = 2$
7. $m = 3, n = 1\frac{1}{2}$
8. $x = 5, y = -1$
9. $x = 4, y = \frac{1}{2}$
10. $x = -\frac{1}{2}, y = 3$
11. $x = 5\frac{1}{3}, y = 6$
12. $x = 3, y = -4$

Page 201   Exercise 3M

1. $x = 3, y = 2$
2. $x = 3, y = -1$
3. $x = 4, y = 3$
4. $a = 3, b = \frac{1}{2}$
5. $m = 1, n = 2$
6. $x = 1, y = 6$
7. $x = 7, y = -1$
8. $x = 2, y = 2$
9. $x = 3, y = -2$

Page 202   Exercise 3E

1. $x = 3, y = 2$
2. $x = 4, y = 1$
3. $a = 0, b = 3$
4. $x = 0, y = 1$
5. $x = 5, y = -3$
6. $x = 5, y = -2$
7. $x = 1, y = 5$
8. $x = 1, y = 2$
9. $x = 2, y = 1$
7. $x = 4, y = -1$
11. $x = 1, y = 2$
12. $x = 1\frac{1}{2}, y = -5$
13. $x = -2, y = 3$
14. $a = 0, b = -2$
15. $x = \frac{1}{10}, y = \frac{3}{10}$

Page 202   Exercise 4M

1. $1\frac{1}{2}, 7\frac{1}{2}$
2. 3, 7
3. 5, 3
4. 7, 15
5. 64°, 64°, 52°
6. (a) P = 27, Q = 11   (b) P = 7, Q = 2
7. A = 5, B = 7, C = 1

Page 203   Exercise 4E

1. 3 mini buses, 8 cars
2. $x = 150, y = 320$
3. $l = 57, d = 285$
4. cassette = £12.50, cd = £9.50
5. 6 boxes of 12 eggs, 1 box of 6 eggs
6. $m = 60°, n = 50°$
7. $m = 3, c = -5$
8. $a = 8, b = 12, c = 17$
9. $a = 2, b = 5, c = -1$
10. $x = 4, y = -2, z = 1$
11. $a = 3, b = -2, c = 5$

Page 204   Unit 4   Mixed Review

1. (a) 32 cm^3 (b) 56
2. John got out of bath IJ, Water drained from bath JK, John got into the bath EF, Both taps on BC, Hot tap on alone AB, More hot water added GH, John lies in bath FG and HI

4. 9 m³   **5.** 39.5 cm   **6.** (a) 80   (b) 55 kg
(c) 35 kg   (d) 60 kg   (e) 25 kg   (f) 30
7. (a) 3   (b) 0.6   **8.** 122 g   **9.** 85.8 cm²   **10.** (a) $x = 4, y = 0.5$ (b) $x = -3, y = 5$
11. (a) 40   (b) 45   (c) 240   (d) 1303
12 5.6   **13.** (a) $2n$ (b) $2n + 10$ (c) $4n$ (d) $9n + 10$ **14.** 3.92 cm
15. (a) rotation 90° clockwise about (4, –2)   (b) reflection in $y = x$
(c) enlargement, scale factor $\frac{1}{2}$, centre (7, –7)   (d) rotation 90° anticlockwise, centre (–8, 0)
(e) enlargement, scale factor 2, centre (–1, –9)   (f) rotation 90° anticlockwise, centre (7, 3)

Part two

1. $\frac{1}{12}$ **2.** (a) (5, 3)   (b) (3, 1)   (c) ($\approx 0.7, \approx 5.5$)   **3.** 3.26 m³
4. (a) $\begin{pmatrix} -3 \\ 12 \end{pmatrix}$ (b) $\begin{pmatrix} -2 \\ 3 \end{pmatrix}$ (c) $\begin{pmatrix} -2 \\ -1 \end{pmatrix}$ or $\begin{pmatrix} 2 \\ 1 \end{pmatrix}$ **5.** $x = 1$ cm, $y = 10.5$ cm
6. (a) (i) 40%, 350 seats   (ii) 22%, 30 seats
(b) The Alliance party won very few seats despite receiving a large number of votes
7. 5220 m³   **8.** (d) (i) Enlargement, scale factor 3, centre (–5, 6)   (ii) Translation $\begin{pmatrix} 11 \\ 0 \end{pmatrix}$
(iii) Rotation 90° clockwise, centre $(2\frac{1}{2}, -5\frac{1}{2})$ **9.** (a) 3.8   (b) 4.4
10. (a) 13   (b) –9   (c) 18   (d) –7   (e) –1   (f) 13
11. 693 cm³   **12.** The Maths marks are spread more evenly over the range 0–100.
13. 122 cm²

Page 212   Puzzles and Problems 4

1. 2, [2 + 5 + 43 plus others]
2. 900 000   **3.** thirty-one
4. (a) 1   (b) 3   **5.** 75°   **7.** 253   **8.** 395
9. –40°   **10.** 324   **11.** (a) $2\frac{1}{2}$ (b) $2\frac{1}{4}$ **12.** 4   **13.** $\frac{1}{\pi}$
14. Diameters 11, 7, 3   **15.** 80 feet   **16.** $3 - 2\sqrt{2}$ [= 0.172 (3 s.f.)]
17. About 4000 miles

A long time ago! 4

Page 214   Pascal's triangle

2. The other numbers are divisible by the prime number.
3. Powers of 2. Each term is 2^n.
4. Fibonacci sequence.   **5.** (a) 1, 4, 6, 4, 1   (c) 20
6. The numbers in row n give the coefficients for the expansion of $(x + y)^n$

UNIT 5

Page 219   Exercise 2M

1. (All cm) $a = 5.03$, $b = 6.31$, $c = 11.0$, $d = 5.48$, $e = 40.5$, $f = 24.7$,
   $g = 9.86$, $h = 3.95$, $i = 98.1$, $j = 21.7$, $k = 7.19$, $l = 4.50$,
2. 212 m   **3.** 6.37 m   **4.** 6.77 cm   **5.** 1.59 feet   **6.** 53.7 m   **7.** 1.14 km

Page 221   Exercise 3M

1. (All cm) $a = 3.25$, $b = 3.88$, $c = 9.03$, $d = 12.3$,
         $e = 6.60$, $f = 84.5$, $g = 4.74$, $h = 5.78$.
2. (All cm) $a = 4.87$, $b = 13.7$, $c = 5.90$, $d = 102$,
         $e = 4.24$, $f = 17.7$, $g = 532$, $h = 4.27$.
3. 3.01 cm   **4.** 5.35 cm   **5.** 3.13 cm   **6.** 7.00 cm   **7.** 73.1 cm

Page 222   Exercise 3E

1. 1.60 m   **2.** 3.65 m   **3.** 11.2 cm   **4.** 2.00 m   **5.** 18.7 m
6. 25.2 m   **7.** 72 m   **8.** 22.4 cm^2

Page 223   Exercise 4M

1. $a = 49.4°$, $b = 60.5°$, $c = 60.0°$, $d = 38.7°$, $e = 26.8°$, $f = 67.4°$, $g = 51.2°$
2. $a = 36.9°$, $b = 43.3°$, $c = 53.1°$, $d = 31.4°$, $e = 59.5°$, $f = 48.8°$, $g = 50.9°$,
   $h = 77.1°$, $i = 40.9°$
3. 38.7°   **4.** 48.6°   **5.** 31.0°   **6.** 54.5°   **7.** 38.7°   **8.** 17.5°

Page 224   Exercise 4E

1. 61.6°   **2.** 18.6°   **3.** 112.9°   **4.** 33.1°   **5.** 68.2°   **6.** 241 cm
7. $x = 43.2°$, $y = 33.6°$, $z = 76.7°$
8. 16.8 km, 017.4°   **9.** $a = 65.3°$, $b = 114.7°$, $c = 51.3°$, $d = 128.7°$, $e = 73.1°$, $f = 33.8°$
10. $x = 36.4°$, $y = 105.4°$, $z = 12.9°$

Page 226   Exercise 5M

1. (All cm) $a = 13.0$, $b = 5.86$, $c = 2.83$, $d = 4.21$, $e = 7.82$, $f = 6.85$, $g = 6.42$ $h = 7.17$

Page 227   Exercise 5E

1. Walks 93.9 m, 37.6 m less   **2.** 86 cm   **3.** 94.3 m
4. 30.5 cm   **5.** 13.2 cm   **6.** $x = 16.4$ cm, $y = 114$ cm, width = 225 cm

Page 229 Exercise 6M

1. $a = 28.6°$, $b = 12.2$ cm, $c = 8.09$ cm, $d = 47.6°$, $e = 3.34$ cm, $f = 1.04$ cm, $g = 5.16$ cm, $h = 3.37$ cm, $i = 57.4°$, $j = 25.8°$

2. (a) 3.92 m (b) 2.52 m (c) 4.39 m **3.** 10.1 cm^2

Page 230 Exercise 6E

1. (a) 31.0° (b) 5.14 cm (c) 8.57 cm **2.** 29.0 cm **3.** 35.6 cm **4.** 42.9°

5. (a) 13.6 cm (b) 57.5° (c) 8.37 cm (d) 19.2°

6. length 16 cm, width 14.9 cm **7.** (a) 43.3 cm, 24.8 cm (b) 27.9 cm, 16.0 cm

Page 233 Exercise 1M

1. (a) $n \leq 16$ (b) $180 < T < 215$ (c) $m \geq 80\%$ (d) $s \leq 70$ (e) $49 \leq$ grade B ≤ 62

2. $20 \leq$ age ≤ 50, clean driving licence ≥ 5, number of GCSE's > 2, $10 \leq$ weight ≤ 15; salary $> £300$

3. (a) $x \geq 3$ (b) $x > -1$ (c) $x < 7$ (d) $x < -2$ (e) $x \leq 0$ (f) $x > 1\frac{1}{2}$
 (g) $2 < x < 5$ (h) $-1 \leq x \leq 4$ (i) $x \leq -5$ (j) $\frac{1}{2} \leq x < 1$ (k) $-3 < x < 3$ (l) $-1 < x \leq 6$

5. (a) T (b) T (c) F (d) T (e) T (f) T (g) F (h) T

7. $3 < n \leq 5$

Page 235 Exercise 2M

1. $x \geq 12$ **2.** $x < 5$ **3.** $y > 3$ **4.** $y < 4$

5. $x \geq 6$ **6.** $x < -1$ **7.** $n \geq 16$ **8.** $y < \frac{1}{5}$

9. $x < 100$ **10.** $x < 1$ **11.** $y > -14$ **12.** $n \geq -1$

13. $x < 6$ **14.** $x > 2\frac{1}{2}$ **15.** $x \leq -3$ **16.** $x \leq -4$

17. $x < \frac{1}{2}$ **18.** $x > 4$ **19.** $x > 4$ **20.** $x > -3$

21. $x \leq -8$ **22.** 1, 2, 3, 4, 5, 6, 7, 8, 9

23. 2, 4, 6, 8, 10 **24.** 1, 2, 3 ... 11

25. 1, 2, 3, 4 **26.** 2, 3, 5, 7, 11, 13, 17, 19, 23

27. 5 **28.** Any number between 8 and 9

Page 236 Exercise 2E

1. $0 < x < 3$ **2.** Impossible **3.** $-3 < x < -1$ **4.** $8 < x < 11$

5. Impossible **6.** $0 < x < 1\frac{1}{2}$ **7.** $\frac{1}{5} < x < \frac{1}{2}$ **8.** $\frac{1}{3} < x < \frac{3}{4}$

9. $-\frac{1}{2} < x < 4$ **10.** $0 < x < 4$ **11.** $-2 < x < -1$ **12.** $9 < x < 11$ **13.** (a) $n > 3$ (b) $n < 9$

14. (a) 8 (b) 1 **15.** (a) 6 (b) 35 (c) 15

16. (a) 1, 2, 3, 4 **17.** $x = 7$ **18.** 10 **19.** 23 **20.** 492

Answers 9H

Page 237 Exercise 3E

1. (a) $y \geq 1$
   (c) $y \leq x, x \leq 7, y \geq 0$
   (e) $y \leq x + 2, x \leq 6, y \geq 2$

2. (a) $y \geq x, y \leq 5, x \geq 0$
   (b) $x + y \leq 6, y \geq 0, x \geq 1$
   (d) $x + y \leq 9, x \geq 0, y \geq 0$
   (f) $x + y \leq 5, y \leq x, y \geq 0$

Page 238 Check yourself on sections 5.1 and 5.2

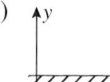

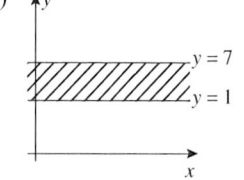

1. (a) 63.0°, 60.3° (b) 5.31 cm (c) 7.99 cm (d) 25.0 cm²

2. (a) (i) $x > 5$ (ii) $x \leq 7$ (b) 2 (c) [graph showing region between $y = 1$ and $y = 7$]
   (d) 4, 5, 6

Page 240 Exercise 1M

1. (a) $\dfrac{4}{15}$ (b) $\dfrac{1}{6}$
2. (a) $\dfrac{7}{20}$ (b) 420
3. (a) Bill (most trials) (b) biased (c) $\dfrac{63}{290}$

Page 242 Exercise 2M

1. (a) $\dfrac{1}{7}$ (b) $\dfrac{6}{7}$ (c) $\dfrac{2}{7}$ (d) $\dfrac{4}{7}$
2. (a) $\dfrac{1}{5}$ (b) 0
3. (a) $\dfrac{1}{52}$ (b) $\dfrac{1}{13}$ (c) $\dfrac{1}{4}$
4. (a) $\dfrac{1}{3}$ (b) $\dfrac{2}{3}$
5. 9 6. 20 7. (a) $\dfrac{3}{49}$ (b) $\dfrac{12}{49}$
8. (a) 50 (b) 150
9. (a) 35 times (b) 70 times (c) 105 times
10. (a) $\dfrac{1}{50}$ (b) $\dfrac{6}{50}$ (c) $\dfrac{1}{10}$

Page 243 Exercise 2E

1. 9
2. (a) dad (b) $\dfrac{3}{7}$ (c) 4 red, 3 white or .... (d) 8 red, 6 white
3. 1607
4. $\dfrac{1}{204}$
5. $\dfrac{5}{6}$
6. $\dfrac{199}{200}$
7. (a) 44% (b) 220
8. $\dfrac{x}{x + y}$
9. $\dfrac{n}{n + m + 7}$
10. 7

Page 245 Exercise 3M

1. HH, HT, TH, TT
2. $\dfrac{1}{8}$
3. (b) (i) $\dfrac{1}{6}$ (ii) $\dfrac{1}{12}$ (iii) $\dfrac{1}{12}$
4. 6, 7, 8, 11, 12, 13, 16, 17, 18; probability of a total of 8 = $\dfrac{1}{9}$.

Page 245 Exercise 3E

1. (a) CABD, CADB, CBAD, CBDA, CDAB, CDBA (b) $\dfrac{11}{12}$
2. (a) 2 and 5, 2 and 10, 5 and 10 (b) (i) $\dfrac{1}{3}$ (ii) $\dfrac{1}{3}$ (iii) 0

3. (b) (i) $\frac{1}{12}$ (ii) $\frac{1}{4}$ **4.** (a) JK, JL, JM, KL, KM, LM (b) $\frac{1}{6}$ **5.** (a) $\frac{1}{36}$ (b) $\frac{1}{7776}$

6. (a) $p(\text{win}) = \frac{1}{3}$

Page 247 Exercise 4 M/E

1. (a) 0.8 (b) 0.2 **2.** 0.78 **3.** 0.002 **4.** (a) 0.3 (b) 0.9
5. (a) $\frac{9}{16}$ (b) $\frac{3}{8}$ (c) $\frac{15}{16}$ **6.** (a) 0.35 (b) 0.5 (c) 0.3
7. (a) 0.75 (b) 0.45 (c) The events are not exclusive.

Page 250 Exercise 1M

1. (a) 3 (b) 2 (c) $\frac{1}{2}$ (d) $\frac{1}{3}$ (e) −1
   (f) −2 (g) −2 (h) $-\frac{2}{3}$ (i) 6 (j) $-\frac{9}{4}$

2. (a) $\frac{5}{2}$ (b) $-\frac{3}{5}$ (c) $\frac{5}{2}$ (d) $-\frac{3}{5}$

Page 250 Exercise 2M

7. (gradient first) A: 2, −2; B: $\frac{1}{3}$, 1; C: −1, −4; D: $-\frac{5}{2}$, 5; E: 0, −5

Page 251 Exercise 3M

In questions **1** to **16** gradient is first number and y-intercept is second.

1. 2, −3 **2.** 3, 2 **3.** −1, −4 **4.** $\frac{1}{2}$, 3 **5.** $-\frac{2}{3}$, −4 **6.** −3, 2
7. −7, 4 **8.** $\frac{2}{3}$, −1 **9.** $-\frac{1}{2}$, 3 **10.** −2, 6 **11.** 3, −7
12. 2, 8 **13.** $-\frac{1}{2}$, $1\frac{2}{3}$ **14.** $\frac{2}{5}$, $2\frac{2}{5}$ **15.** 3, $-\frac{2}{3}$

Page 252 Exercise 3E

1. A: $y = x − 1$, B: $y = 2x + 2$, C: $y = 5 − x$
11. $y = 3x$ **12.** $y = 5$ **13.** $y = 3 − x$ **14.** $y = 2x + 3$ **15.** $y = 2x − 1$
16. $y = −x − 4$ **17.** A $y = 2x − 2$, B $y = \frac{1}{3}x + 1$, C $y = −x − 4$,
   D $y = -\frac{5}{2}x + 5$, E $y = −5$

Page 253 Exercise 4E

1. (a) AB $\frac{3}{2}$, BC $-\frac{2}{3}$, CD $\frac{3}{2}$, AD $-\frac{2}{3}$. (b) (gradient of AB) × (gradient of BC) = −1
   (c) product of gradients is −1.
2. (a) $y = 2x + c$ (b) $y = 7x + c$ **3.** (a) $-\frac{1}{3}$ (b) 1 (c) −4 (d) 2
4. (a) $y = -\frac{1}{2}x + c$ (b) $y = 4x + c$ (c) $y = -\frac{1}{3}x + c$
5. (a) A and D, G and H (b) B and F, C and E

Answers 9H

6. (a) $y = 2x + 4$ (b) $y = 3x - 2$ (c) $y = x + 5$ (d) $y = 3x$ (e) $y = -\frac{3}{2}x - 2$
(f) $y = \frac{5}{2}x + 1$ **7.** (a) $(0, 4)$ (b) $2y = x + 8$ (or $y = \frac{1}{2}x + 4$) **8.** $n = 2$

Page 254 How many dots?

1. (b) 396   (c) 3025   **2.** (a) 398   (b) 42   (c) 2450

Page 255 Diamonds and triangles

(a) $e = 2w$ (b) $i = 2h$ (c) When $w = 2$, $d = 3h - 2$ [or $d = 3h - w$];
When $w = 3$, $d = 5h - 3$ [or $d = 5h - w$].   When $w = 4$, $d = 7h - 4$ [or $d = 7h - w$].
For any diagram, $d = (2w - 1)h - w$ or $d = 2wh - h - w$.

Page 256 Connect the transformations

(a) Suppose centre of rotation has equal x and y coordinates, say (a, a)
Then, for the vector of the corresponding translation:
Top number $= -(2a + 1)$
Bottom number $= 3$

(b) Suppose centre of rotation is $(a, 0)$.
Then the vector for the corresponding translation has:
Top number $= -(a + 1)$
Bottom number $= (a + 3)$

(c) For centre $(7, 7)$, vector is $\begin{pmatrix} -15 \\ 3 \end{pmatrix}$ i.e. $\begin{pmatrix} -(2 \times 7 + 1) \\ 3 \end{pmatrix}$
For centre $(10, 0)$, vector is $\begin{pmatrix} -11 \\ 13 \end{pmatrix}$ i.e. $\begin{pmatrix} -(10 + 1) \\ 10 + 3 \end{pmatrix}$

Page 257 In search of π

(a) 8 sides 3.061467459   (b) 10 sides 3.090169944   (c) 20 sides 3.128689301
(d) 100 sides 3.141075908   (e) 1000 sides 3.141587486

Page 260 Unit 5 Mixed Review

1. 2, 3, 4, 6   **2.** $x < 5.5$ **3.** 1.14 km   **4.**

0	-5	2
1	-1	-3
-4	3	-2

5. $\frac{3}{4}$ **6.** 77.6°, 77.6°, 24.7°   **8.** (a) T   (b) T   (c) T
9. From the top: $4, -\frac{1}{2}, -\frac{1}{3}, \frac{1}{5}, -\frac{4}{3}$
10. (a) 1, 2, 3   (b) 9   **11.** $\frac{5}{36}$
12. 8.71 cm   **13.** 22.6°   **14.** 160
15. 35 h, 56 minutes, 48 s.

Part two

1. 0.3   **2.** 19.2 m²   **3.** (a) $x > -6$ (b) $x \leq 8$ **4.** Yes (use Pythagoras)
5. 6.12 m   **7.** (b) $\frac{1}{12}$ **8.** (a) $x < 5$ (b) $x > 12$
(c) $x \geq \frac{2}{9}$ (d) $x \leq 3\frac{1}{3}$ **9.** $\frac{2}{5}$ **10.** (a) C/D, F/G   (b) A/E, B/H   (c) I

34 Answers 9H

11. (a) 7.87 cm (b) 4.54 cm (c) 58.0° (d) 64.2° (e) 8.55 cm (f) 13.2 cm

12. (a) $y = 3, x = 3, y = x, x + y = 6$ (b) $x \geq 0, x + y \leq 3$

13. $\frac{7}{36}, \frac{8}{36} \left(= \frac{2}{9}\right)$ **14.** 63.2°

Page 265 Puzzles and Problems 5

Cross numbers

Part A

¹2	5	²3		³3	0	0	⁴0
7		0		⁵6	3		2
	⁶1	5	⁷1	2		⁸1	5
⁹3	3		3		¹⁰9	9	
9		¹¹6	0	0		6	¹²8
6		0		¹³2	¹⁴2		7
¹⁵9	¹⁶2	2	5		¹⁷0	0	8
	1		¹⁸2	5	0		4

Part B

¹2	5	²9		³1	1	2	⁴4
5		9		⁵1	5		0
	⁶5	8	⁷3	1		⁸1	0
⁹3	9		1		¹⁰4	4	
3		¹¹1	5	0		3	¹²8
6		4		¹³1	¹⁴2		6
¹⁵6	¹⁶9	7	6		¹⁷2	1	5
	0		¹⁸1	2	5		8

Part C

¹1	2	²5		³2	2	0	⁴1
9		2		⁵9	1		8
	⁶8	5	⁷3	2		⁸1	0
⁹3	3		6		¹⁰2	4	
4		¹¹7	1	6		4	¹²1
0		4		¹³9	¹⁴3		3
¹⁵8	¹⁶3	1	6		¹⁷6	0	0
	5		¹⁸1	4	9		0

Page 267 A long time ago 5

1. The ratios of successive terms approaches Φ. (1.618)

2. Again the number on the calculator approaches Φ. (1.618033989)

Page 269 General knowledge quiz

Quiz A **1.** 7 **2.** 12 **3.** 007 **4.** 100 **5.** −1

  6. 240 **7.** 6 or $\frac{1}{6}$ **8.** 0 **9.** 1812 **10.** 1805

Answers 9H

	11. 10	**12.** 8	**13.** 9	**14.** 3	**15.** 7 (stars)
	16. 12	**17.** 1984	**18.** 26	**19.** 13	**20.** 90

Quiz B **1.** 3   **2.** 3   **3.** 13   **4.** 6   **5.** 440
6. 1   **7.** 3   **8.** 3   **9.** 4   **10.** −3
11. 88   **12.** 11   **13.** 2   **14.** 7   **15.** 2
16. 48   **17.** 1752, when the Gregorian calendar was adopted in Britain. The calendar had been adopted in Italy in 1582.
18. 1000 or 1024   **19.** 510   **20.** 24 (Blackbirds in pi!)

UNIT 6

Page 271   Exercise 1M

1. (a) y values: 1, 3, 5, 7, 9, 11   **2.** (a) y values: −3, −1, 1, 3, 5, 7   (c) (1.5, 0)
3. (a) y values: −8, −5, −2, 1, 4, 7   **9.** 13.5 square units

Page 272   Exercise 2M

3. (1.7, 0) (−1.7, 0)   **4.** (c) $x = -1$ **5.** $x = 1\frac{1}{2}$ **6.** (2, −7)

Page 273   Exercise 2E

8. (c) (3.5, 2.5) and (−0.5, −1.5)   **9.** (c) (1.9, 4.3)   **10.** (c) (i) 0.6   (ii) 1.4

Page 275   Exercise 1M

1. 1 hour 20 min   **2.** 26 m   **3.** 27.2 km/h   **4.** $\frac{1}{3}$ m/s   **5.** 8 s
6. 3 h   **7.** 1020 km   **8.** 32 m.p.h.   **9.** 96 km   **10.** 3600 m

Page 276   Exercise 1E

1. 187 km/h   **2.** 50 feet/s   **3.** (a) 130 miles   (b) 40 cm   (c) 300 m
4. Johnson   **5.** 2600 m/s   **6.** (a) 13 h   (b) 200 s   (c) 30 minutes
7. 16:25   **8.** 624 n.m.   **9.** 25.2 m   **10.** (a) 3 h 20 min
(b) 48.8 m.p.h.   (c) 112 miles   **11.** 70.2 m.p.h.   **12.** 23.8 furlongs/fortnight

Page 277   Exercise 2M

1. 8 g/cm^3 **2.** 180 g   **3.** 12 g/cm^3 **4.** 160 cm^3 **5.** iron (by 72.5 g)
6. (a) €180   (b) 66240 rand   (c) 2 420 000 lira   (d) 7.2 rand   (e) $363 million   (f) €1.50
7. Italy (by €330)   **8.** €218.18   **9.** (a) £35   (b) 41 p   **10.** No. (has only $330)
11. $825

Page 278 **Exercise 2E**

1. £4500
2. £2793
3. (a) £2700 (b) 6534 lira
4. $8767
5. £9600
6. 1710 g
7. (a) 49 (b) Italy (c) 8561 m^2
8. 2.965 kg
9. 102.2 days
10. 9

Page 279 **Check yourself on sections 6.1 and 6.2**

1. (a) (ii) (2, –3)   (b) (ii) $x \approx 1.3$
2. (a) 12 m.p.h.   (b) 18 km   (c) 3.4 g/cm^3 (d) 212.5 persons/km^2

Page 281 **Exercise 1M**

1. Circle of radius 4 cm, centre A
2. Perpendicular bisector of BC
3. [circle of radius 100 km centred at T]
4. [square NMLK with triangle NKL shaded]
5. [rounded shape around P—Q]
6. [rectangle with vertical dashed line]
8. (a) a full circle   (b) an arc of a circle
9. (a) [quarter circle in rectangle]   (b) [circle in rectangle]   (c) [rectangle with vertical dashed line]
10. [cage diagram]

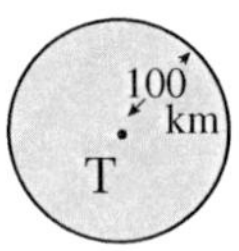

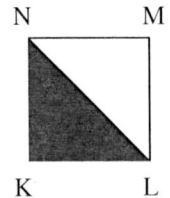

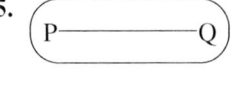

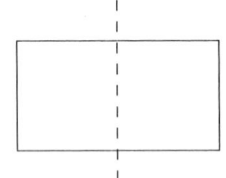

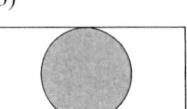

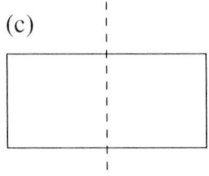

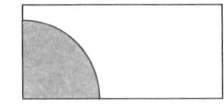

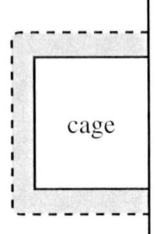

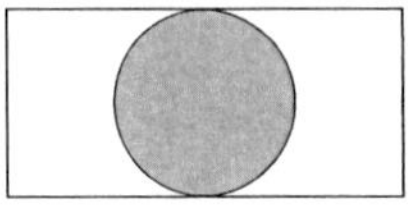

Page 282 **Exercise 2E**

1. [square ABCD with quarter-circle arc and vertical dashed line]
2. [lens-shaped region between R and P with arcs]

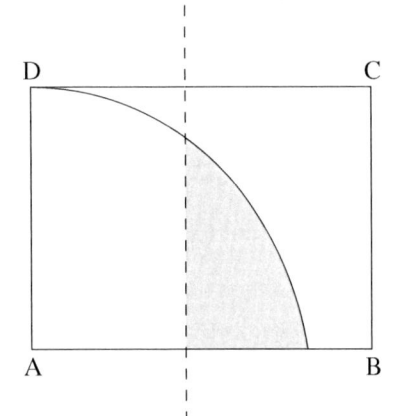

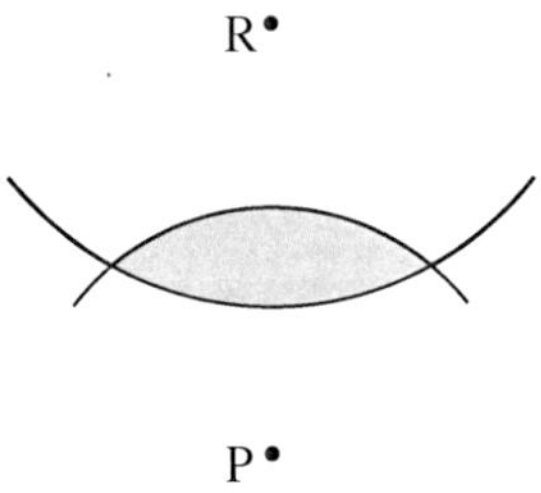

Answers 9H

3.

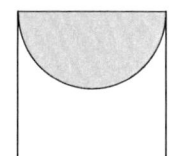

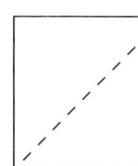

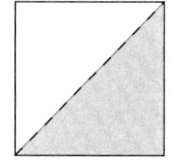

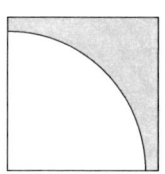

4.

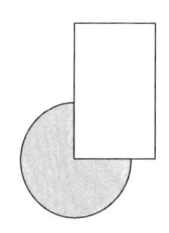

5. The locus of P is a line parallel to AB and 6 cm from AB.

6. An arc of a circle centre A, radius AX. (b) An arc of a circle centre B, radius BX.

8. The surface of a sphere of radius 20 cm.

Page 284 **Exercise 3E**

1.

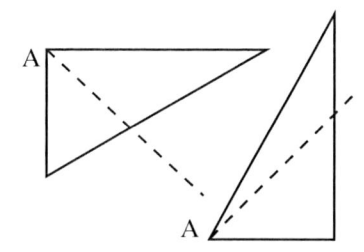

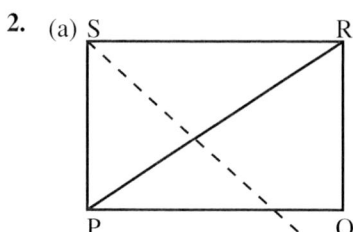

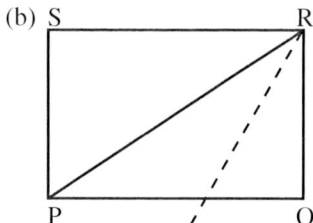

2. (a) [diagram SRPQ] (b) [diagram SRPQ] **3.** 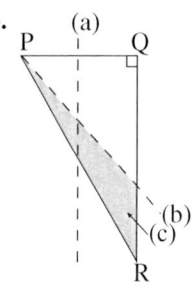 (a) [diagram PQR] (b) (c)

4. 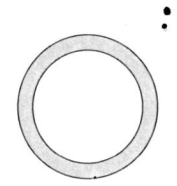 [annulus diagram]   **5.** Locus of C is a semicircle of diameter AB.

Page 286 **Exercise 1M**

1. $a + e$ **2.** $h - t$ **3.** $g + a + b$ **4.** $m^2 - v$ **5.** $h + n$ **6.** $s - 2t$

7. $y + y^2$ **8.** $m + pq$ **9.** $mn + n$ **10.** $\dfrac{c}{a}$ **11.** $\dfrac{y - c}{m}$ **12.** $\dfrac{a + c}{b}$

13. $\dfrac{n + c}{m}$ **14.** $\dfrac{4b}{a}$ **15.** $\dfrac{a + 2c}{k}$ **16.** $\dfrac{e + d - b}{c}$ **17.** $\dfrac{p^2 - t^2}{t}$ **18.** $\dfrac{2z}{a}$

19. $-\dfrac{m}{f}$ **20.** $\dfrac{\pi r^2}{pq}$ **21.** $\dfrac{m + n}{ab}$ **22.** $\dfrac{a^2 - c^2}{d^2}$ **23.** $\dfrac{d - c}{mt}$ **24.** $\dfrac{p^2 + q^2}{xz}$

Page 286 **Exercise 1E**

1. $\dfrac{e - a}{b}$ **2.** $\dfrac{a^2 - ab}{n}$ **3.** $\dfrac{n}{m}$ **4.** $\dfrac{b - as}{s}$ or $\dfrac{b}{s} - a$

5. $\dfrac{b - ap}{p}$ **6.** $\dfrac{e}{c + d}$ **7.** $\dfrac{t}{r + s}$ **8.** $\dfrac{b - am}{a}$ or $\dfrac{b}{a} - m$

9. $\dfrac{b^2 + aw}{w}$ or $\dfrac{b^2}{w} + a$ **10.** $\dfrac{s - vt}{t}$ or $\dfrac{s}{t} - v$ **11.** $\dfrac{n^2 - am^2}{m^2}$ or $\dfrac{n^2}{m^2} - a$ **12.** $\dfrac{c - a^2 b}{ab}$ or $\dfrac{c}{ab} - a$

13. $\dfrac{c - 155n}{3n}$

14. (a) $c = \dfrac{t^2}{z} - a - d$ or $c = \dfrac{t^2 - az - dz}{z}$ (b) $z = \dfrac{t^2}{a + c + d}$

15. (a) $m = \dfrac{c + d}{y + z}$ (b) $y = \dfrac{c + d - mz}{m}$ or $y = \dfrac{c + d}{m} - z$

Page 287   Exercise 2M

1. $at(m + 2n - b)$ 2. $n^2(a + b + c)$ 3. mn 4. at 5. $c(a + b)$ 6. $a(m + n)$

7. wab 8. c^2 9. $\dfrac{a}{b}$ 10. $\dfrac{y}{t}$ 11. $\dfrac{c}{a + b}$ 12. $\dfrac{c + d}{a + b}$

13. $\dfrac{e + f}{a^2 + b}$ 14. $\dfrac{ma}{b}$ 15. $\dfrac{mt}{n}$ 16. $\dfrac{ps}{at}$ 17. $\dfrac{b^2}{a^2}$

Page 287   Exercise 2E

1. $\dfrac{h}{p^2}$ 2. $\dfrac{w + z}{h}$ 3. $\dfrac{d + b}{c - a}$ 4. $\dfrac{mnr}{t^2}$ 5. $\dfrac{\pi(e - f)}{h}$

6. $\dfrac{b^2}{e + k}$ 7. $\dfrac{m - cb}{c}$ 8. $\dfrac{p}{d} + c$ or $\dfrac{p + dc}{d}$ 9. $\dfrac{h}{y} - x$ or $\dfrac{h - xy}{y}$ 10. $\dfrac{d + pe}{p}$ or $\dfrac{d}{p} + e$

11. $\dfrac{m^2}{t + w}$ 12. $\dfrac{ge}{f} + b$ 13. $\dfrac{z}{t(p + q)}$ 14. $\dfrac{y}{\sin 20°}$ 15. $\dfrac{x}{\tan 48°}$

Page 288   Exercise 3M

1. $b - e$ 2. $h - t^2$ 3. $z^2 - n^2$ 4. $c - a - b$

5. $2q$ 6. $a + m - d$ 7. $\dfrac{t - b}{a}$ 8. $\dfrac{u - e}{g}$

9. $\dfrac{u^2 - w^2}{u}$ 10. $\dfrac{h^3 - p}{t}$ 11. $a + c - ac$ 12. $\dfrac{2b}{a^2}$

13. $\dfrac{cm - n}{c}$ 14. $\dfrac{ah - g}{h}$ 15. $\dfrac{a^2 - k}{a}$ 16. $\dfrac{pq - t^2}{p}$

17. $\dfrac{p^2 + pq - a}{p}$ 18. $\dfrac{mn - w}{m^2}$ 19. $\dfrac{vu + vt - w}{v}$ 20. $\dfrac{t^3 - a}{p^2 t}$ 21. $\dfrac{a^2 b - d}{ab}$

Page 289   Exercise 3E

1. c^2 2. $t^2 - a$ 3. $m^2 + c$ 4. $\left(\dfrac{k}{a}\right)^2$ 5. $\left(\dfrac{a + b}{m}\right)^2$

6. $\dfrac{c^2}{a}$ 7. mp^2 8. ac^2 9. $\left(\dfrac{a}{b}\right)^2$ 10. $\dfrac{d}{k^2}$

11. $\dfrac{e}{q^2}$ 12. $n\left(\dfrac{a}{b}\right)^2$ 13. $\pm\sqrt{(c - b)}$ 14. $\pm\sqrt{\dfrac{e}{m}}$ 15. $\pm\sqrt{(g - f)}$

16. $\pm\sqrt{m} - d$ 17. $\pm\sqrt{h} + y$ 18. $\pm\sqrt{\left(\dfrac{c + n}{t}\right)}$ 19. $\pm\sqrt{ht} + z$ 20. $\pm\sqrt{\left(\dfrac{mt}{e}\right)}$

21. $\pm\sqrt{\dfrac{(q - p)n}{z}}$ 22. $\dfrac{\pm\sqrt{y} + c}{m}$ 23. $\dfrac{\pm\sqrt{w} - t}{b}$ 24. $\pm\sqrt{(m - n)}$

Page 289   Exercise 4E

1. (a) (i) 25°C   (ii) 10°C   (b) $F = \dfrac{9}{5} C + 32$ (c) (i) 212° F   (ii) 140°F

2. (a) (i) $h = \dfrac{2A}{a + b}$ (b) 40 cm   (c) $b = \dfrac{2A}{h} - a = \dfrac{2A - ah}{h}$ (d) 22 cm

3. $c = \dfrac{b^2 - (2ax + b)^2}{4a}$

BOARD FOR 'MAKE YOUR MILLION'

	1 a^2	2 $2t$	3 $q-1$	4 MISS A GO	5 $p+3$	6 $3e-4$	7 $2m+3$
START ...							

							8 $3r$

17 $2e+5$	16 n^4	15 $3(b-2)$	14 c^3	13 MISS A GO	12 BACK TO START	11 $q-4$	10 f^2-9	9 $3n-1$

18 $2m+1$

19 $q-3$	20 f^2-16	21 $3n-5$	22 BACK TO START	23 $p+2$	24 a^2	25 $2t$	26 MISS A GO	27 $6-d$

								28 $3r$

37 $8-d$	36 f^2-4	35 $p+5$	34 $6e-20$	33 $3n-4$	32 x^5	31 $2(b-3)$	30 $2m+4$	29 $2-d$

38 MISS A GO

39 a^2	40 $3(b-1)$	41 $2t$	42 f^2-9	43 MISS A GO	44 $p+1$	45 $6c$	46 $5e+4$	47 $2m+1$

								48 $4-3e$

57 $P+6$	56 $3r$	55 $q-5$	54 BACK TO START	53 10^x	52 a^2	51 MISS A GO	50 $10-d$	49 $5(b-4)$

58 $12-2d$

59 MISS A GO	60 10^n	61 $q-1$	62 $p+4$	63 $2m+3$	64 $2t$	65 BACK TO START	....FINISH

Page 291 **Exercise 1M**

1. A, C, D, F, H are similar to R
2. $y = 6\frac{2}{3}$
3. $x = 8\frac{3}{4}$
4. $x = 4$
5. $x = 7$
6. $x = 3$
7. $x = 8$
8. $x = 3.6, y = 5, z = 14.4$
9. $m = 3, n = 6\frac{2}{3}$
10. (a) Yes (b) Yes (c) No (d) Yes (e) No (f) No

Page 293 **Exercise 2M**

1. (a) Yes (b) Yes (c) No (d) Yes
2. 9.6
3. 8.25
4. 4.8
5. 2.1
6. 11.2
7. $x = 5.4, y = 8.1$
8. 10
9. 7.5
10. $x = 10, y = 16\frac{2}{3}$
11. $x = 5.6, y = 7.84$
12. 38.5 m

Page 295 **Exercise 2E**

1. $x = 2.4$
2. 3
3. 2
4. $6\frac{2}{3}$
5. $4\frac{1}{2}$
6. 2.4
7. $x = 1\frac{1}{2}$
8. 1.54 m
9. Yes

Page 296 **Exercise 3E**

1. P = 10 cm, Q = 25 cm, R = 45 cm, S = 70 cm
2. BDA, CDB, CBA (any two) $x = 3.75$
3. 180 cm²
4. No
5. $x = 3\frac{1}{2}$
6. $4\frac{2}{3}$ cm or $1\frac{13}{14}$ cm
7. $\frac{x}{x-1} = \frac{x-1}{\frac{x}{2}}$, $x = 3.4$

Page 298 **Unit 6 Mixed Review**

Part one

1. (a) £300 (b) £3.2 million (c) 6 rand
2. 2500 rand
3. (c) (6, 3)
4. (b) perpendicular bisector of AB
5. (a) $n = \frac{c-a}{s}$ (b) $n = \frac{x^2+t}{t}$ (c) $n = xy$
6. $m = 11, n = 5$
7. 5, 6
8. $a = 45°, b = 75°, c = 15°$
9. £105
10. 72 m.p.h.
11. £1950
12. (a) $x = \frac{c+ab}{a}$ (b) $x = \frac{m^2}{n}$ (c) $x = \frac{e}{h}$
13. 2.5
14. (a) 1371742 (b) $2 \times 3 \times 3 \times 47 \times 14593$

Part two

1. 32 cm²
2. 18
3. £1 = €1.15
4. 12 sq. units
5. $y \geq x^2, y \leq 3$
6. (a) $c = \frac{h}{a^2}$ (b) $c = \frac{b-x}{\tan 20°}$ (c) $c = \frac{a-t}{b}$
7. (4, 3) (−1, −2)
8. about 140 tonnes
9. 300 m
10. 1340 kg/m³
11. 6
12. (a) 360 degrees/minute (b) 6 degrees/minute
13. (a) DBC (b) ECD (c) 3.2 cm
14. (a) 0.145 kg/cm² (b) 72.5 kg/cm²
15. (c) 1.4, 8.6